KB061152

"죽을 만큼 힘들면 회사 그만두지그래"가 안 되는 이유

시오마치 코나 글 · 그림
유키 유 해설 · 감수 우민정 옮김

한겨레출판

일러두기

본문 내용 일부는 국내 상황에 맞춰 수정되었습니다.

너무
일만 하다가
하마터면
자살할 뻔했다

하지만
그럴 마음은
없었다

당시는 시간외근무
90~100시간
(사내에서는 단연코 적은 시간)
매일 밤 달려서
마지막 전철에 올라탔다
좋아, 오늘도
안 늦었어
헉
헉
인적 없는
전철역에서
문득
깨달았다
!!
빠앙-
'죽고 싶다'고
생각한 적은
없었다
그런데-
'지금 한 발만
내디디면
내일 회사
안 가도 돼'
번--쩍
!!!

우와아
아아아아
아아!!!
내일 회사
안 가도
되는 거야!?
한 발
겨우
한 발
이면
더 이상…
두…
겨우
그거면
두근
두근
두근
한 발
딱 한 발
정말 멋진
아이디어라고
생각했다
끼이이이익

나…
덜컹
덜
컹
덜컹
털썩
※이후에
이직하기 위해
엄청 노력했다
무슨
생각한
거야…
덜컹
지금
덜컹
예를
들면
이 정도 판단력까지
잃게 한다는 점이
무서운 것이다
아얏
과로
자살
이라고
하면
'죽을
정도로
힘들면
그만두면
될 텐데'
라고
생각하는
사람이
많겠지
만
죽으면 다
끝이잖아
남은
가족이나
친구는…
그 만화
다음 편도
못 봤는데?
회사 정도
그만둬도
안 죽어

또 돌부리에
걸렸어
아야
양옆이
낭떠러지인
좁은 길을
걷는다고
해보자
이 길은
울퉁불퉁한데다
경사까지 있어서
…
힘들어
힘이 남아
있을 때는
아직 그것들이
보인다
역시 이 길은
걷기 힘든데
저 길은
어떨까?
두리번
두리번
길에는
몇 개의
갈림길과
문이 있다
워홀
땡땡이
잔다
퇴사
이직
휴식
그런데
으음
이직
지금
그만두면
더 좋은
회사에 갈
수 있을까…

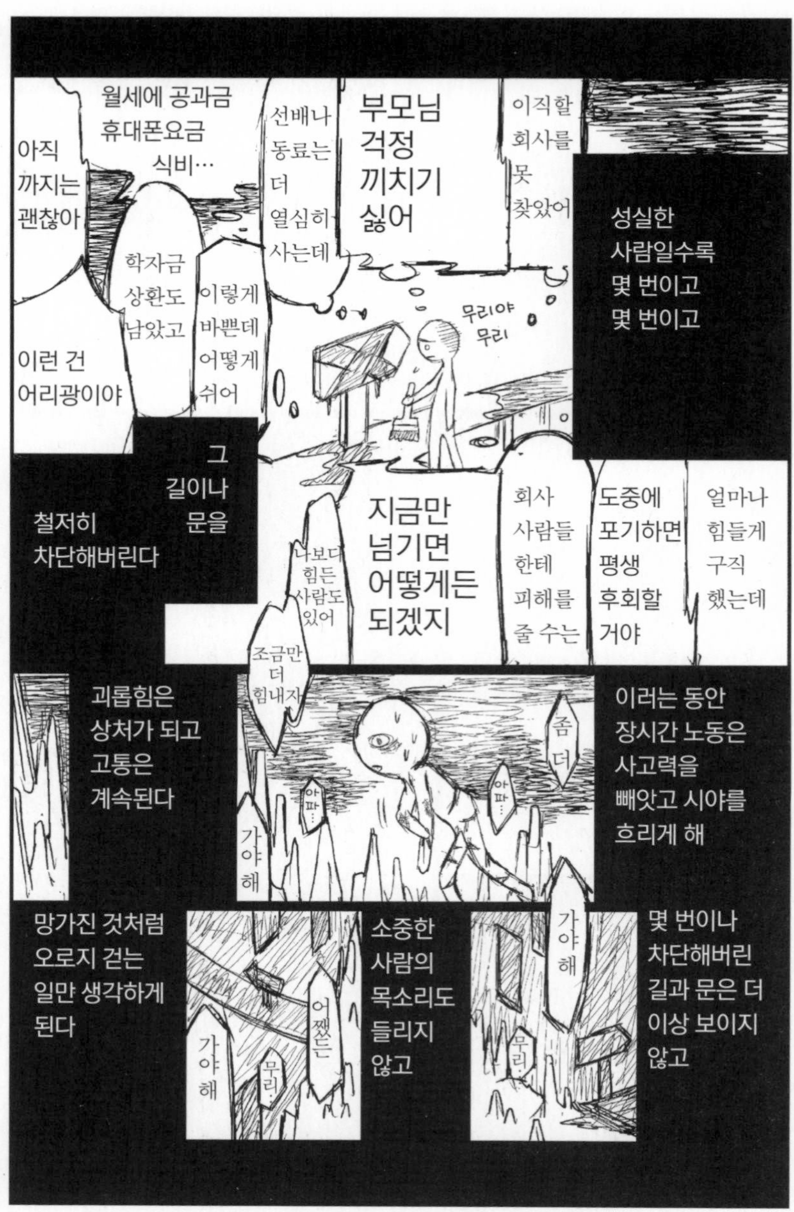

월세에 공과금
휴대폰요금
식비…
아직
까지는
괜찮아
학자금
상환도
남았고
이렇게
바쁜데
어떻게
쉬어
이런 건
어리광이야
선배나
동료는
더
열심히
사는데
부모님
걱정
끼치기
싫어
이직할
회사를
못
찾았어
무리야
무리
성실한
사람일수록
몇 번이고
몇 번이고
그
길이나
문을
철저히
차단해버린다
지금만
넘기면
어떻게든
되겠지
나보다
힘든
사람도
있어
조금만
더
힘내자
회사
사람들
한테
피해를
줄 수는
도중에
포기하면
평생
후회할
거야
얼마나
힘들게
구직
했는데
괴롭힘은
상처가 되고
고통은
계속된다
아파…
가야
해
좀
더
아파…
이러는 동안
장시간 노동은
사고력을
빼앗고 시야를
흐리게 해
망가진 것처럼
오로지 걷는
일만 생각하게
된다
가야
해
어쨌든
무리…
소중한
사람의
목소리도
들리지
않고
가야
해
무리…
몇 번이나
차단해버린
길과 문은 더
이상 보이지
않고

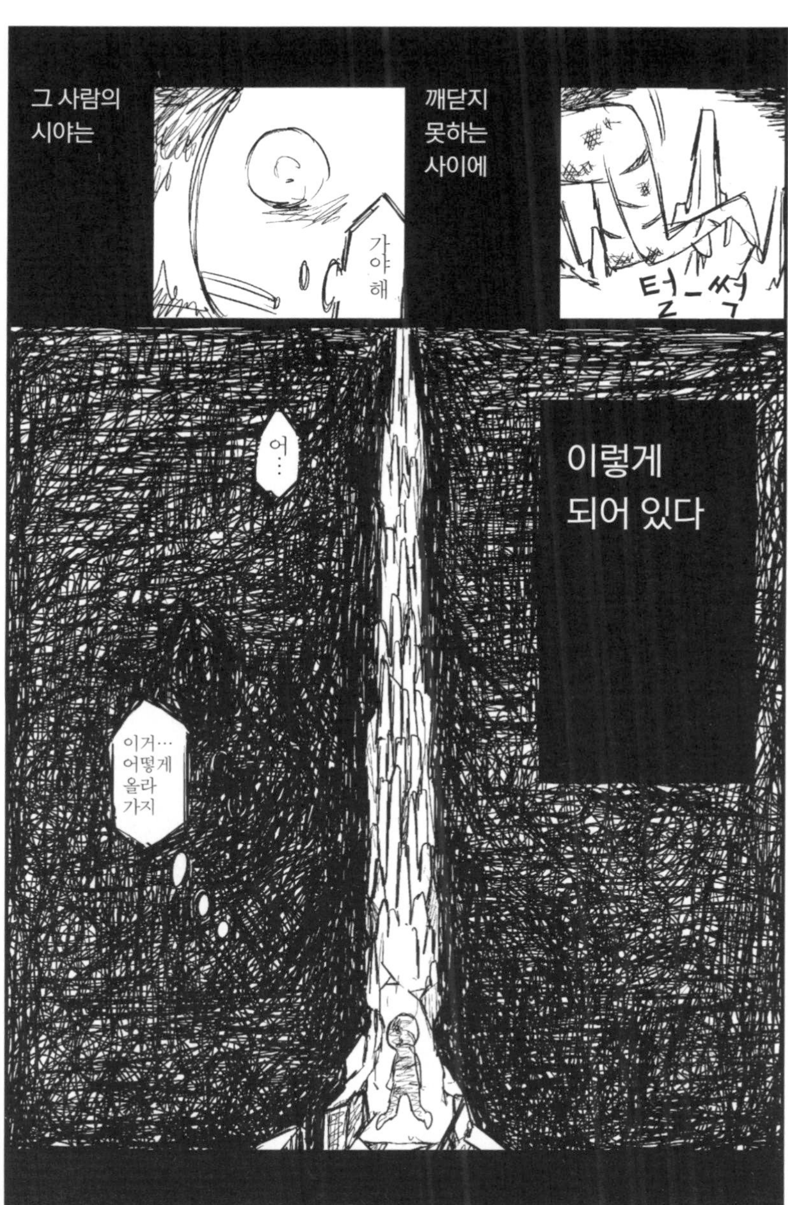
그 사람의
시야는
가야해
깨닫지
못하는
사이에
털-썩
어…
이렇게
되어 있다
이거…
어떻게
올라
가지

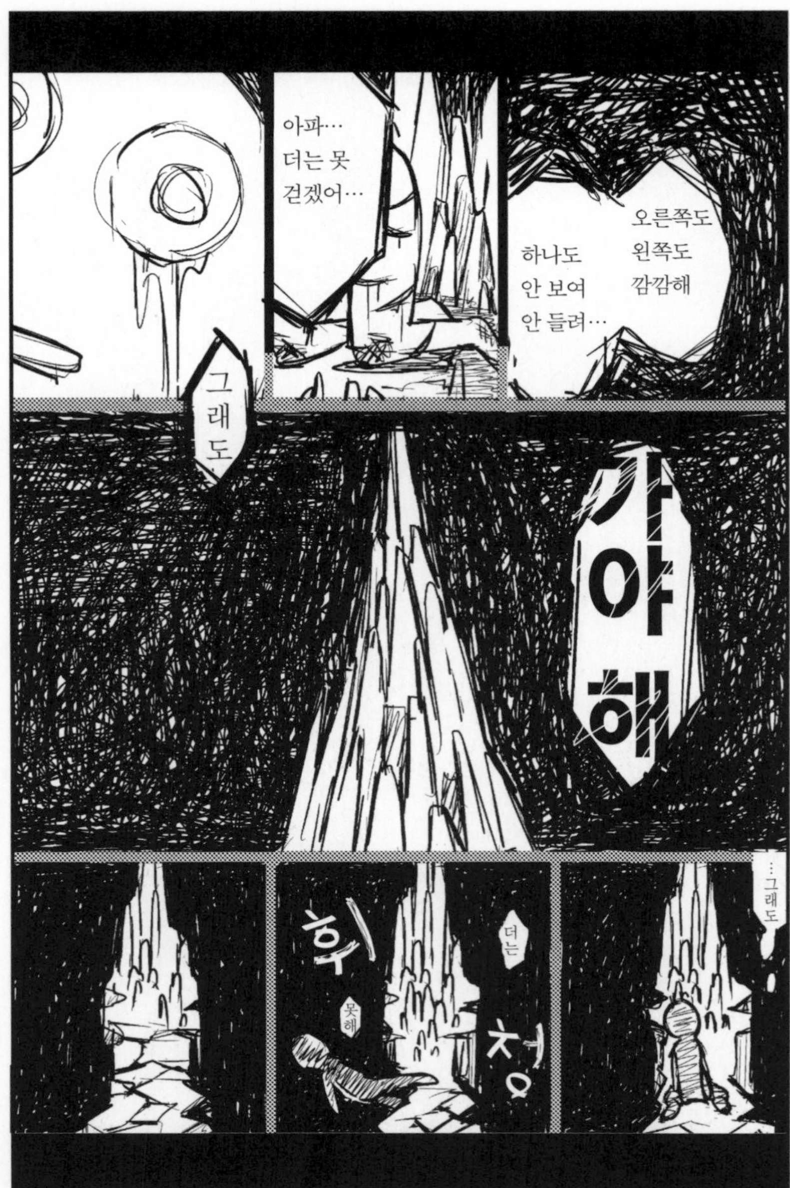
아파…
더는 못
걷겠어…
오른쪽도
왼쪽도
깜깜해
하나도
안 보여
안 들려…
그래도
가야 해
더는
못해
…그래도

이렇듯

'아직 괜찮아'라고 생각할 때 판단하지 않으면

판단 그 자체를 할 수 없게 됩니다

지금,

이 책을 읽고 있는 당신은 '아직 괜찮아'입니다.

판단할 수 있습니다.

이 책은 미래의 당신이나 당신의 소중한 사람이

'아직 괜찮아'에서 '더는 못해…'로

가지 않기를 바라며 썼습니다.

지금,

바빠서 책을 읽을 여유가 없는 사람도,

'나랑은 상관없어'라고 생각하고

이 책을 덮는 사람도,

혹시 나중에 '나 위험한 것 같은데'라는 생각이 든다면

이 말만큼은 잊지 말아주세요.

넓습니다

세상은, 정말로

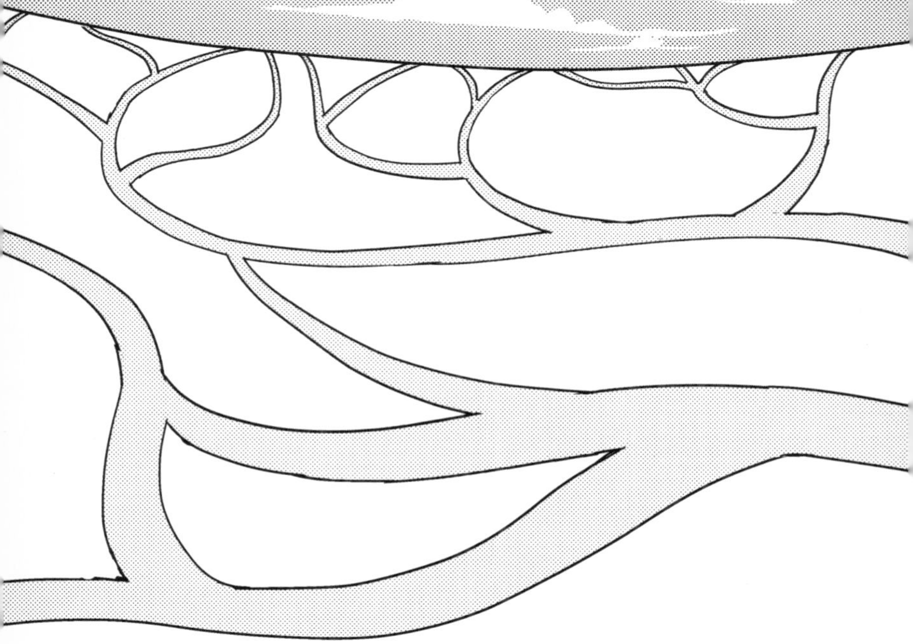

차례

제1장

왜 죽을 정도로 열심히 하는 걸까?

도대체 왜

제 이야기를
해보겠습니다

하마터면 전철에 뛰어들어
자살할 뻔했을 정도로
일했는가 하면

주위 사람들
모두 늦게까지
야근하니까
'다 그런
거야'라고
생각했고

몸에도 큰
이상이
없었습니다

과로로 죽을
수 있다고는
상상도
못했습니다

'죽고 싶다'라니
사춘기 때조차
고민한 적이
없었고

돌이켜보면
여러 이유가
있겠지만

**'아직은
괜찮다고
생각했다'**

가 가장
결정적이
었습니다

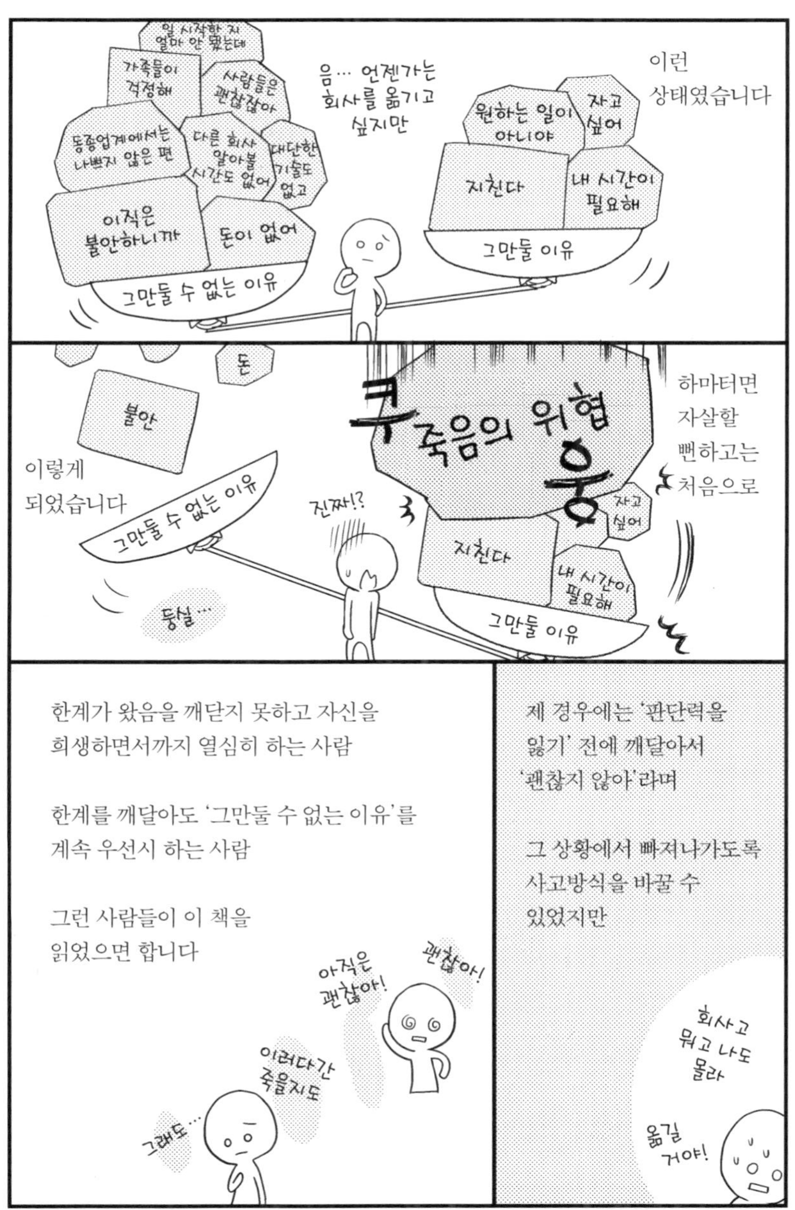
일 시작한 지
얼마 안 됐는데
가족들이
걱정해
사람들은
괜찮잖아
동종업계에서는
나쁘지 않은 편
다른 회사
알아볼
시간도 없어
대단한
기술도
없고
이직은
불안하니까
돈이 없어
그만둘 수 없는 이유
음… 언젠가는
회사를 옮기고
싶지만
원하는 일이
아니야
자고
싶어
지친다
내 시간이
필요해
그만둘 이유
이런
상태였습니다
돈
불안
이렇게
되었습니다
그만둘 수 없는 이유
둥실…
진짜!?
쿠
죽음의 위협
웅
자고
싶어
지친다
내 시간이
필요해
그만둘 이유
하마터면
자살할
뻔하고는
처음으로
한계가 왔음을 깨닫지 못하고 자신을
희생하면서까지 열심히 하는 사람
한계를 깨달아도 '그만둘 수 없는 이유'를
계속 우선시 하는 사람
그런 사람들이 이 책을
읽었으면 합니다
아직은
괜찮아!
괜찮아!
이러다간
죽을지도
그래도…
제 경우에는 '판단력을
잃기' 전에 깨달아서
'괜찮지 않아'라며
그 상황에서 빠져나가도록
사고방식을 바꿀 수
있었지만
회사고
뭐고 나도
몰라
옮길
거야!

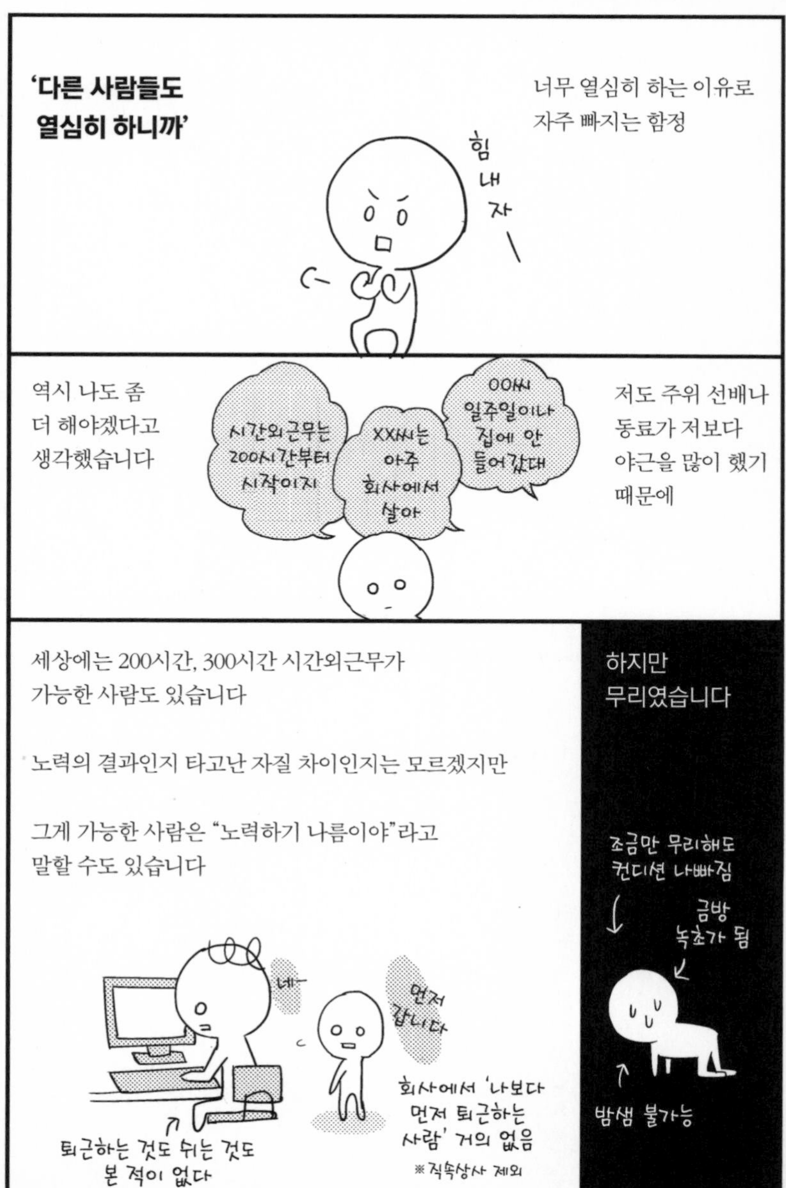
'다른 사람들도
열심히 하니까'
너무 열심히 하는 이유로
자주 빠지는 함정
힘내자
역시 나도 좀
더 해야겠다고
생각했습니다
시간외근무는
200시간부터
시작이지
XX씨는
아주
회사에서
살아
OO씨
일주일이나
집에 안
들어갔대
저도 주위 선배나
동료가 저보다
야근을 많이 했기
때문에
세상에는 200시간, 300시간 시간외근무가
가능한 사람도 있습니다
노력의 결과인지 타고난 자질 차이인지는 모르겠지만
그게 가능한 사람은 "노력하기 나름이야"라고
말할 수도 있습니다
네~
먼저
갑니다
퇴근하는 것도 쉬는 것도
본 적이 없다
회사에서 '나보다
먼저 퇴근하는
사람' 거의 없음
※직속상사 제외
하지만
무리였습니다
조금만 무리해도
컨디션 나빠짐
금방
녹초가 됨
밤샘 불가능

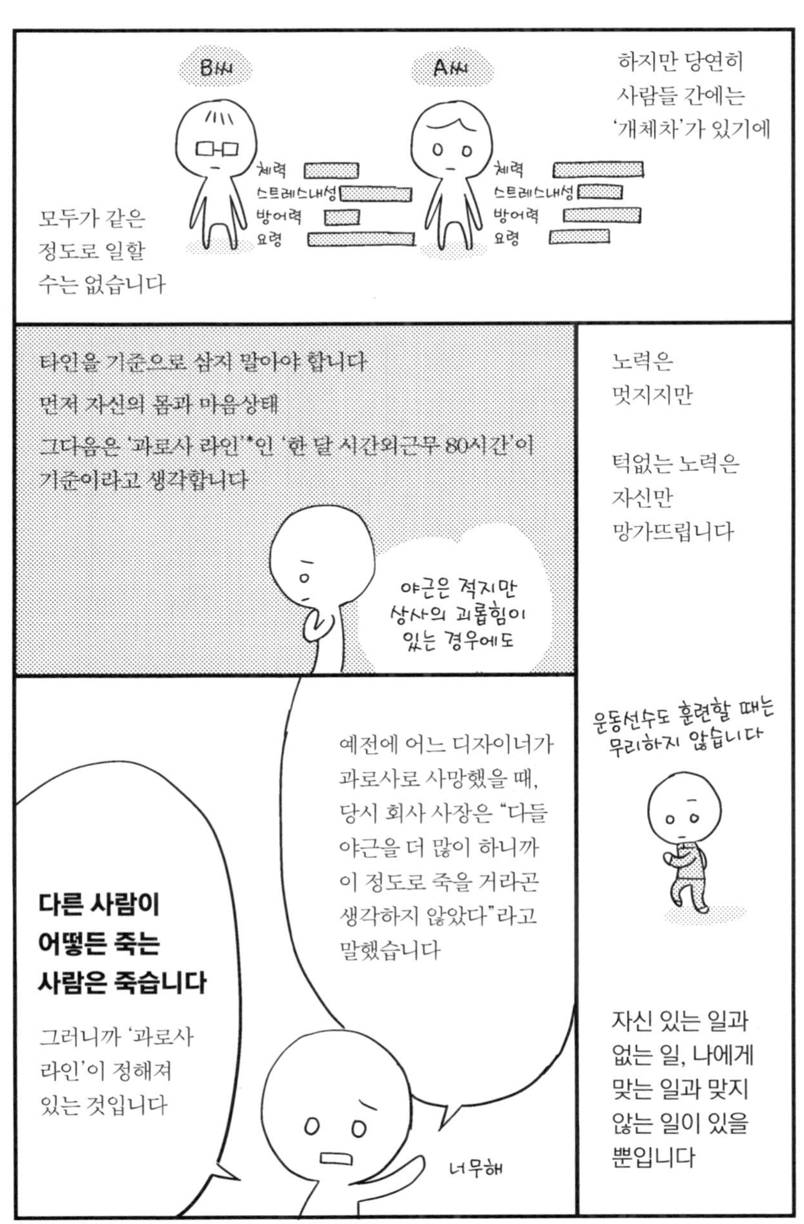

* 일본 후생노동성에서 정한 노동재해로서 '과로사'를 인정받는 기준. 우리나라에는 아직 객관적 인정 기준이 마련되어 있지 않다.

단순히 '더 열심히
해야지'라고
생각하는 경우가
많습니다
?
열심히 하는데도
뜻대로 성과가
나오지 않을 때
캐스트퍼즐
무턱대고 열심히
하는 데만
전념하다가 결국
궁지에 몰리고
맙니다
아아—악
피곤할수록
바쁠수록
열심히 하는데
안 빠지잖아!!
왜!!
그저 힘만 씀
?
왜 이렇게…
?
?
업무
업무
본인에게 맞는 일과
맞지 않는 일이 있고
조직에 문제가 있어
개인이 해결하지
못할 문제일 수도
있습니다
'못하는' 데는
반드시 이유가
있습니다
?
?
?
발달장애 같은
뜻밖의 원인일 수도
있습니다
이상하다고
느꼈다면
의사와
상담해보는 것도
왜 남들은
다 하는데
난 어려울까?
무작정
노력한다고 모두
극복할 수 있는
것은 아닙니다

정신력만으로 극복할 수 있는 일은 많지 않습니다

'못한다'와 '열심히 하지 않는다'는 다릅니다

혼자 떠안지 말고 다른 사람에게 상의해봅시다

먼저 여기를 풀고…
여기가 얽혀서 그런가

냉정하게 원인을 찾아 해결책을 내거나

자신을 소모시키지 않아도 방법은 분명히 있습니다

중요한 사실은 '할 수 있게 되는 것'

'열심히 하는 것' 자체가 목적이 되어버린다면 아무 의미가 없습니다

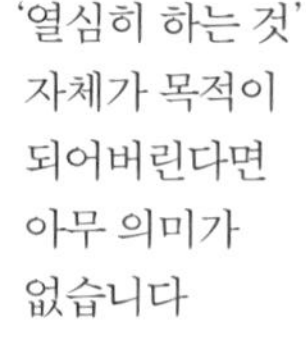

'더 참고 노력하지
않는 자신'을 인정하는
데는 다소 용기가
필요했습니다
디자이너는 중학교
때부터의 꿈이었기에
더 열심히
해야 해
하면 될
거야
인정하기 싫어
동료나 선배는 잠도
안 자고 일하는데
…하지만,
그러다가
망가져버릴지도
모릅니다
좀 더
노력하고
좀 더 참고
나는 하지 못한다니

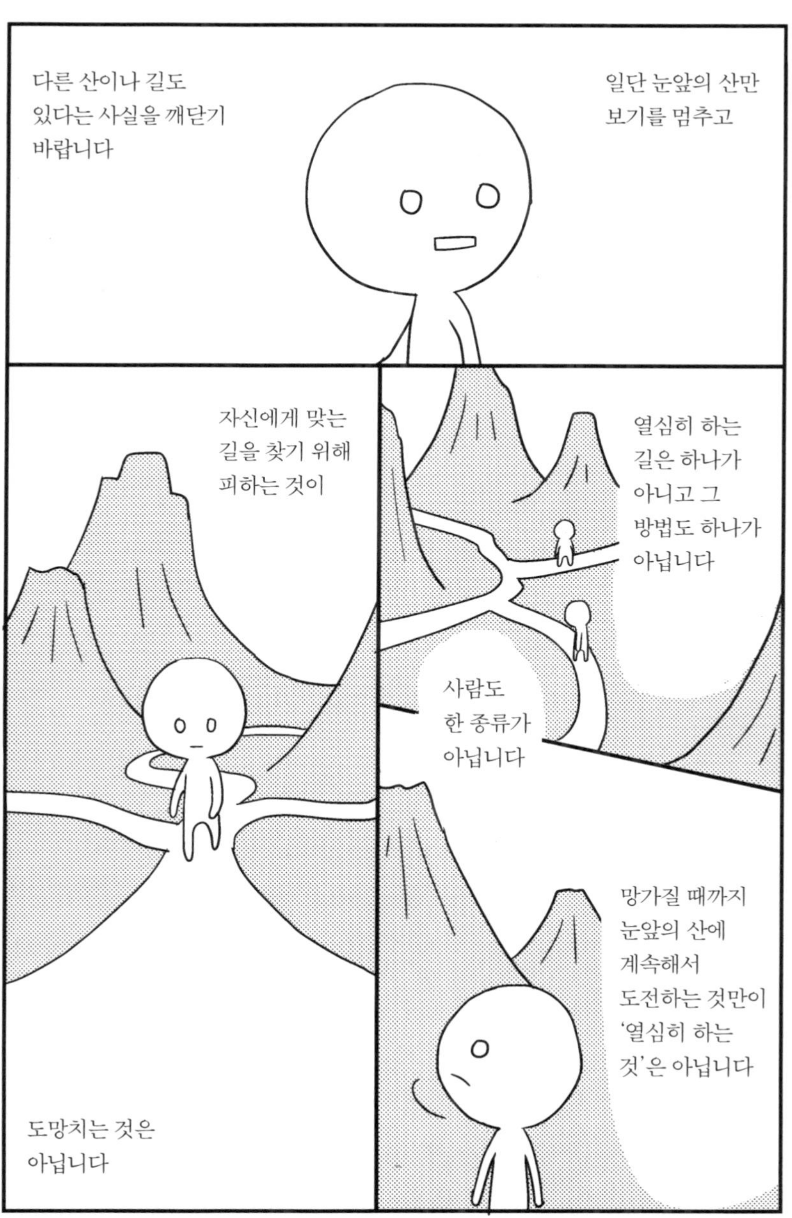
일단 눈앞의 산만
보기를 멈추고
다른 산이나 길도
있다는 사실을 깨닫기
바랍니다
자신에게 맞는
길을 찾기 위해
피하는 것이
도망치는 것은
아닙니다
열심히 하는
길은 하나가
아니고 그
방법도 하나가
아닙니다
사람도
한 종류가
아닙니다
망가질 때까지
눈앞의 산에
계속해서
도전하는 것만이
'열심히 하는
것'은 아닙니다

당시 저의 직함은 디자이너로

'좋아하는 일을 하니까
잠도 안 자고 열심히 하는 건
당연하다'고

생각하는 사람이 주변에
많았습니다

저도 원래 그런 것이라고 생각했습니다

그러니까
어느 정도
참는 것은
당연

그러니까
장시간
일하는 것은
당연

그러니까
열심히 하는
것은 당연

'자기가 하고 싶은 일'
이니까

'자기가 좋아하는 일'
이니까

'자기가 선택한 일'
이니까

하지만

그러니까
한계를 넘었어도
노력하는 것이
당연

그러니까
컨디션이
안 좋아도
쉬지 않는 것이
당연

그러니까
아무리 힘들어도
도망치지 않는
것이 당연

그러니까, 그러니까, 그러니까
'그러니까'
과로사하는 것도
당연?
…그럴 리는
없습니다
처음에는
긍정의 의미였던
'그러니까'가
뜻하지 않게 당신을
어둠의 길로 이끌
수도 있습니다
그러니까
그러니까
그러니까
그러니까
그러니까
그 '그러니까'는 어디를
향하고 있습니까?
그 끝에 진짜로 당신의
꿈과 행복이 있나요?
조금은 주의 깊게
봐주세요
그러니까

'과로'는 보이지 않는 칼

만약 수상한
사람이 칼을
들고 나타나면

갑작스럽지만

'찔리면 죽는다'
'운이 좋아도 크게 다쳐서 입원'
'잘못하면 후유증이 남을지도'

틀림없이 인생이 나쁜 쪽으로
바뀔 것을 아니까

대부분은 도망칠
것입니다

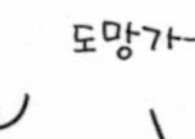

이거

그런데, 잠깐

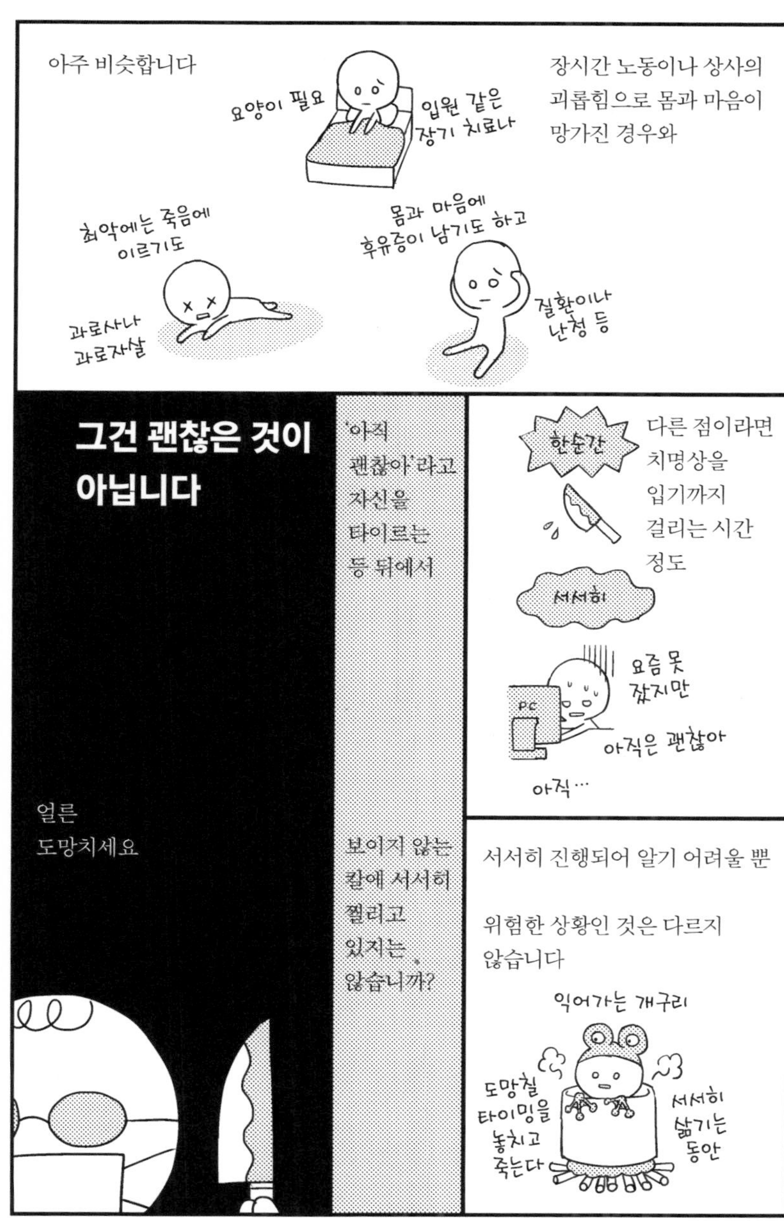
아주 비슷합니다
장시간 노동이나 상사의
괴롭힘으로 몸과 마음이
망가진 경우와
요양이 필요
입원 같은
장기 치료나
최악에는 죽음에
이르기도
과로사나
과로자살
몸과 마음에
후유증이 남기도 하고
질환이나
난청 등
그건 괜찮은 것이
아닙니다
'아직
괜찮아'라고
자신을
타이르는
등 뒤에서
한순간
다른 점이라면
치명상을
입기까지
걸리는 시간
정도
서서히
요즘 못
잤지만
PC
아직은 괜찮아
아직…
얼른
도망치세요
보이지 않는
칼에 서서히
찔리고
있지는
않습니까?
서서히 진행되어 알기 어려울 뿐
위험한 상황인 것은 다르지
않습니다
익어가는 개구리
도망칠
타이밍을
놓치고
죽는다
서서히
삶기는
동안

이 책을 읽는
당신은
'열심히 하는
사람'이라고
생각합니다
힘들어…
그런데
이 정도로
쉬는 건
어리광인가?
쉬어도 될까?
'어디까지 노력하면
될까?'
'어디까지가 어리광이고
어디부터가 지나친 노력일까?' 등
알기 힘든 점들이
있을 것입니다
노력이
부족해!
어느 쪽?
무리하면
안 좋아
그런 부분을
전문가 선생님에게
물어보도록
하겠습니다

안녕하세요
심료내과* 의사
유키 유입니다

마음의 문제나
정신건강에
관한 질문에
답변해드리겠습니다

* 심신의학적인 측면에서 내과 질환을 다루는 진료 분야.

Q 열심히 하는 것이 중요하다고 하지만 도대체 어디까지 열심히 해야 하나요?

A

열심히 하는 것은 분명 중요합니다. 살아가면서 누구나 열심히 해야만 하는 상황, 무리할 수밖에 없는 상황과 맞닥뜨리게 됩니다. 다소 무리를 해서라도 열심히 한 그 결과 일에서 성공한 사람들의 이야기를 들으며 '나도 더 열심히 해야지'라고 생각하는 사람이 많을 것입니다. 하지만 계속 열심히만 하다가 툭하고 끊어져버린 사람들도 있습니다. 해마다 과로사로 사망하는 이들이 늘고 있습니다. 후생노동성 데이터로 보면 2015년에만 과로사, 과로자살한 사람의 수가 482명에 이릅니다.*

이렇듯 열심히 하는 것은 중요합니다만, 지나치게 열심히 하다가 목숨을 잃는 사람까지 있습니다. 그렇다면 도대체 어디까지 계속 열심히 해야만 하는 것일까요?

* 한국 고용노동부가 발표한 '2016년 산업재해 발생현황'에서 과로사의 대표 유형이라 할 수 있는 뇌심혈관질환으로 사망한 노동자 수는 300명에 이른다.

이 질문에 대해서는 당신이 회사에서 근무한다는 가정하에 "월 평균 80시간 이상 시간외근무를 하면서까지 열심히 하는 것은 그만두세요"라고 대답하겠습니다. **월 80시간 이상 시간외근무가 계속되면 과로사의 위험이 높은 것으로 알려져 있기 때문입니다.** 하지만 이 책 22페이지에 쓰여 있듯이 사람마다 '개체차'가 있고 직장에 따라 받는 스트레스가 다르기 때문에 시간외근무를 100시간을 해도 아무렇지 않은 사람이 있는가 하면 80시간 이하를 해도 몸이나 마음이 망가지는 사람이 있습니다. 결국 일하는 '시간'만으로는 '지나치게 열심히 하는' 상황인지 '더 열심히 할 수 있는' 상황인지 판단하는 것이 불가능합니다.

어쩌면 "어디까지 열심히 해야 하나요?"라는 질문은 구체적인 노동 시간을 묻고 싶은 것이 아니라, '이대로 무리해서 계속 열심히 해도 괜찮은가요' 하는 불안에서 나오는 것이겠지요.

그렇다면 계속 열심히 해서 잘되는 사람과 뚝 끊어져버리는 사람 사이에는 어떤 차이가 있는지를 생각해봅시다. 이 차이의 중요한 요소는 ① **열심히 하는 일이 자신이 정한 것인가?** ② **열심히 한 일의 성과가 알기 쉬운가?** 입니다. 예를 들어, 만화가 중에는 마감을 잔뜩 껴안고 힘든 일정 중에도 상당히 많은 작품을 내놓는 사람이 있습니다. 만화가는 회사원이 아니기 때문에 시간외근무라는 개념은 없지만 쉴 틈도 없이 일하는 사람이 많습니다. 하지만 이런 사람들 대부분이 생기가 넘칩니다. 만화를 그리는 일이 자신이 정한 일이기(①) 때문입니다.

그리고 열심히 만화를 그린 결과, 단행본 매출이나 독자의 목소리라는 형태로 그 성과를 알기가 쉽기(②) 때문입니다. 특히 요즘은 SNS 등으로 바로 감상을 볼 수 있기 때문에 예전보다 '열심히 한 성과, 많은 사람이 보내주는 반응'을 직접적으로 느낄 수 있습니다.

카페 점원이나 미용사처럼 바쁘게 일하면서도 즐겁고 생기 넘치는 사람에게 이야기를 들을 기회가 있었는데, "예전부터 하고 싶었던 일이기도 하고 손님들이 좋아하는 모습을 보는 것이 즐거워서"라고 했습니다. 이 사람도 ①자신이 정한 일인가? ②열심히 한 성과를 쉽게 알 수 있는가? 이 두 가지의 요소를 갖추고 있습니다. ①과 ②와 들어맞지 않고, 장시간 노동을 강요당하고 있다면 주의가 필요합니다. 이 상태에서 계속 열심히 한다면 정신적으로 큰 스트레스를 받을 수 있기 때문입니다.

근육 단련을 원하지도 않는 사람에게 매일 무거운 바벨을 들라고 시켜서 억지로 하고 있는 상황이 계속되는 것과 다를 바 없습니다. 이럴 때 그 당사자는 얼마나 괴로울까요.

일에서 '어디까지 열심히 해야 하는 걸까…' 불안해질 때는 ①열심히 하는 일이 자신이 정한 것인가? ②열심히 한 일의 성과가 알기 쉬운가? 하는 점을 다시 한 번 의식하고 만일 지금 일이 이와 들어맞지 않는다면, 우선은 그것이 자신이 정한 일이 되도록 행동을 변화해가는 것이 최선입니다.

'그렇게 말하지만 당장 회사를 옮길 수도 없고, 우리 일은 그럴 여지가 없다. 매일 복사만 시키는데'라고 생각할지도 모르겠습니다.

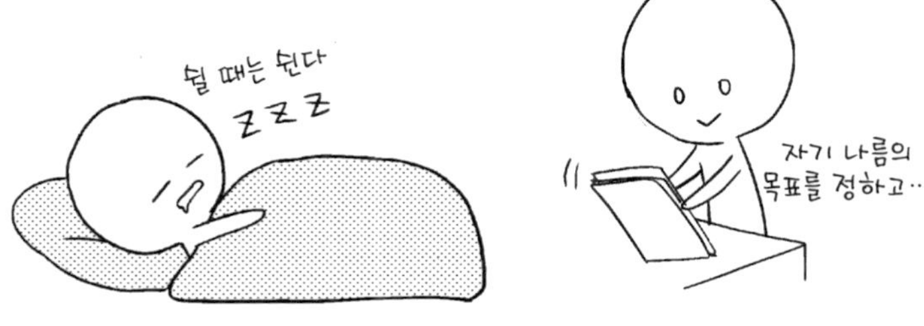

하지만 그런 경우에도 "한 장 복사하는 데 5초, 제한시간에 도전해보자!" "가능한 한 서류에 호치키스를 예쁘게 찍어보자!" 등등 '나름의 궁리나 변화'를 꾀할 수도 있습니다. 이런 생각만으로도 이것은 '자신이 정한 일'(①)이 됩니다. 또한 조금이라도 스스로 뭔가를 바꿔보면 주변의 반응도 바뀔지 모릅니다. 그러면 '일의 성과'(②)가 느껴지기 때문에 기분도 바뀝니다. 물론 만화가 또한 너무 무리해서 몸이나 마음을 망가뜨리기도 하므로, '자신이 정한 일'이라 해도 '너무 무리하지 않는 것' '자신이 어디까지 무리하면 괜찮을지 정확히 파악하는 것'이 중요합니다. 자신이 열심히 할 수 있는 범위를 파악한 다음, '자신의 일'로 바꿔서 즐겁게 해나갈 방법을 고민할 수 있다면 그것이 최선일 것입니다.

무리하지 않도록, 즐기면서 한번 시도해보세요.

하지만 **"정신적으로 궁지에 몰려서 즐길 여유 따위 없어! 나는 더 심각한 상황이야!"** 라는 사람도 있을 것입니다. 어쩌면 지금 바로 병원을 찾는 편이 나은 사람도 있을 것입니다. 그렇다면 다음 장 '마음이 보내는 SOS를 알아차리고'를 계속해서 읽어주세요. 당신의 몸이 보내는 신호를 깨달아 지금의 자신이 얼마나 심각한 상황인지 객관적으로 볼 수 있을 것입니다. 자신의 마음이 어떤 상황인지 파악하는 것이 중요합니다. 물론, 아직 여유가 있는 사람이라도 궁지에 몰려 판단력이 흐려지기 전에 꼭 읽으셨으면 합니다.

제2장

마음이 보내는 SOS를 알아차리고

갑자기 눈물이
나더니
멈추지 않아…
그런 경험
없으신가요?
어?
딱히 슬픈 일도
없는데
일반적으로 눈물의 원인은
① 먼지 등의 자극에서 눈을 보호하기 위해
② 감정이 동요하며 생긴 스트레스를
씻어내기 위해서라고 합니다
(※여러 의견이 있습니다)
스트레스
스트레스
스트레스
스트레스
스트레스
스트레스
눈물로
배출
별다른 이유도
없이 눈물이
멈추지
않는다면
감정이 마비되어
느끼지 못할 뿐
無

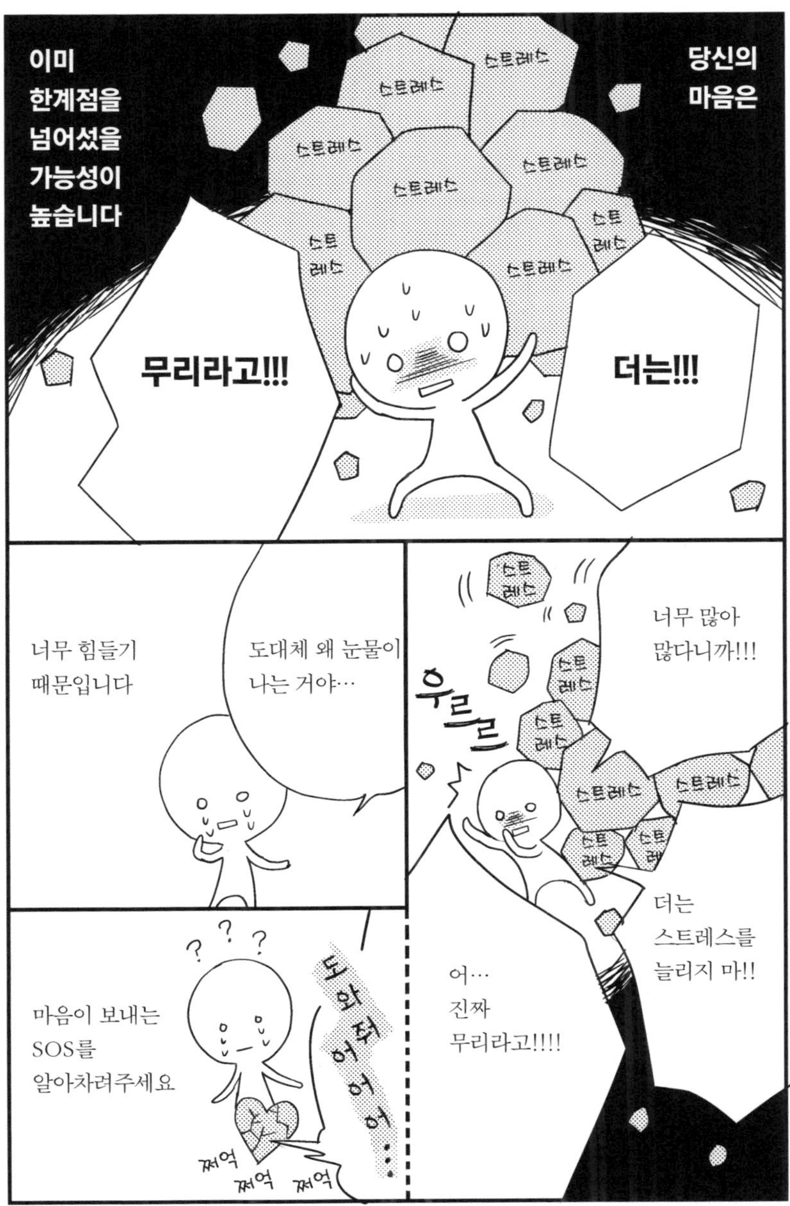
이미
한계점을
넘어섰을
가능성이
높습니다
당신의
마음은
무리라고!!!
더는!!!
너무 힘들기
때문입니다
도대체 왜 눈물이
나는 거야…
너무 많아
많다니까!!!
우르르
더는
스트레스를
늘리지 마!!
마음이 보내는
SOS를
알아차려주세요
도와줘어어어…
쩌억
쩌억
쩌억
어…
진짜
무리라고!!!!

움직일 수 없다

어느 날 갑자기
설 수가 없었다
일어날 수가 없다
움직일 수가 없다
열도 없고
다치지도 않았다
어디 아픈 데도
없는데
열도 없네…
삐이
36.5℃
피곤한가?
정신 똑바로
차려야겠다
이럴 때 당신의
마음은

이미 이런 상태
스트레스
스트레스
스트레스
스트레스
스트레스
스트레스
스트레스
스트레스
스트레스
스트레스
스트레스
'평소대로 할 수 없다'
그 시점에서
이미 충분히 '이상한'
것입니다
아픈 데도 없는데
열심히 해야지
무리
이 정도로 쉬면
어리광이야
무리라고
마음 편히
쉬세요
도와주러
왔어-
'아픈 데도
없는데'라는
생각은 버리고
잘도 버텼구나-

두드러기가 난다

한 직원이 불편한
동료 옆자리에
앉았는데
예전 회사 동료에게
들은 이야기입니다
자리를 바꿔
동료의
반대편에
앉자
불편
짜악
이번에는
반대쪽에만
두드러기가
났습니다
그 동료가 앉은
쪽에만 두드러기가
났다고 합니다
불편
짜악
스트레스로
뇌혈관이
수축하는 듯
제 경우에는
눈이
따끔거리고
앞이 잘 안
보입니다
심장이
벌렁거리거나
몸이 굳고
현기증과
구역질 등등
벌렁
벌렁
이런 게
사랑…?
그냥 스트레스
스트레스가 드러나는
방식은 가지각색
완전 티나!
다른
직원
몸은
정직하네요

지금부터
병원에 다닐
계획이라면
정신과에
가보길
권합니다
(80페이지 참조)
정신 건강 클리닉
식욕부진이나
불면은 우울증
초기 증상이니
잠이 안 와…
식욕이 없어…
현기증과 구역질은
메니에르병
때문이었습니다
심하면
난청이 오니
주의
현기증으로
병원에 갔다
자신을
지키는
것이 중요
좋은 음악
재미있는 만화
다정한
이들과의 대화
즐거운
취미
마음에 약을
바르고 붕대를
감듯 회복하는
일에만
전념합니다
'내가 지금 스트레스를 받고
있다'는 자각이 중요합니다
저도 그 후에 스트레스가 될 만한
요소들을 차단하고 있습니다
차단하지 못하는 경우도 있습니다
그럴 때는 과감히 환경을 바꾸는
것도 한 방법입니다
키-
키-
잘 가
직장이나
집 등
히
히히
키-
키-
키-
키-
히히
그래그래
안녕 잘 가

자신이 궁지에 몰렸는지 어떤지를 자각하는 것은
건강한 사람일수록 어려울 수 있습니다
불끈
불끈
저는 원래 몸도 마음도 약해서 자주 나가떨어졌지만
위장에 탈이 난다
역에서 쓰러져
죄송합니다
역장실로 옮겨졌다
스스로 튼튼하다 건강하다 말하는 사람은
난 우울증 같은 거 안 걸려
난 안 쉬어도 괜찮아
그렇게 생각할지도 모르지만
혹시 몸이 건강해 밤샘도 아무렇지 않게 계속 일했다면
돌이키기 힘들 정도로 자신을 궁지에 몰았는지도 모릅니다
PC

문득
…더 걷기 싫어
그런 생각이
든다면…
만약
문득
…오늘 왠지
일어나기 싫네
그건 '열심히 하는 당신'의 몸이
필사적으로 보내는 SOS입니다
순순히 기분에
따라주세요
우선 그 자리에 앉는다
안전한 곳에서
구급차를 불러달라고 해도
됩니다(충분히 긴급사태)
z z z
우선 잔다
※가능한 때를 봐서 회사에 연락하세요. 무단결근이 되거나 걱정한 동료가 집으로 올 수도 있으니까요.
특히 혼자 사는 사람
자주 몸 상태가
좋지 않아 회사를
쉬는 사람이
있나요?
당신은 쉬어도
좋습니다
힘들 때 쉬는 건 당연한
일이니까요
연차는
권리입니다!

보이지 않아도

이런 멋진 시도 있지만
낮별은 보이지 않는다
보이지 않지만 있다
보이지 않는 것도 있다
가네코 미스즈 「별과 민들레」
확실하게
당신의
마음을
갉아먹는 것
보이지
않는
곳에서
그리고
이 세상에는
보이지 않아도
존재하는 것들이
많이 있습니다
앨범
사랑이나 용기
감동이나 추억
이건 보이지
않는 만큼
골칫거리입니다
보인다면야
바로 본인도
주위에서도
알아차리고
대응하겠지만
죄송해요 너무
너덜너덜해서
병원에
가야겠어요
너덜
스트레스나
피로

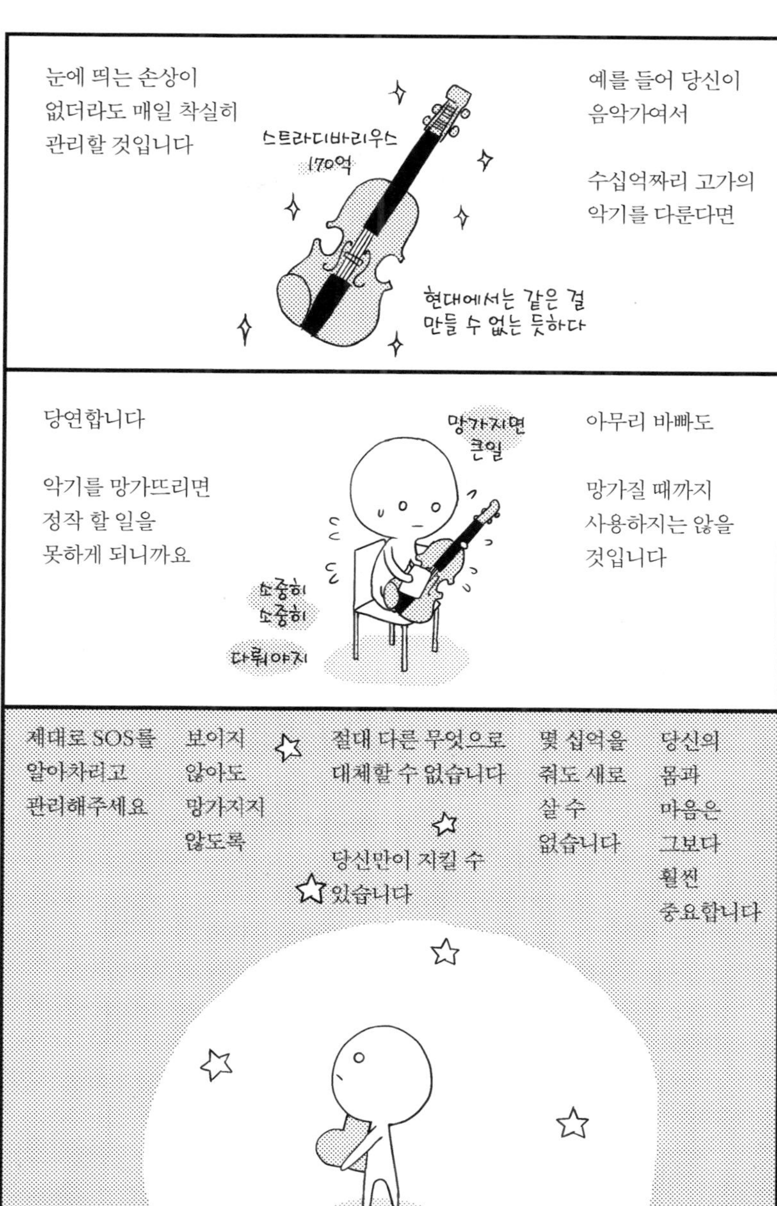
눈에 띄는 손상이
없더라도 매일 착실히
관리할 것입니다
스트라디바리우스
170억
예를 들어 당신이
음악가여서
수십억짜리 고가의
악기를 다룬다면
현대에서는 같은 걸
만들 수 없는 듯하다
당연합니다
악기를 망가뜨리면
정작 할 일을
못하게 되니까요
망가지면
큰일
소중히
소중히
다뤄야지
아무리 바빠도
망가질 때까지
사용하지는 않을
것입니다
당신의
몸과
마음은
그보다
훨씬
중요합니다
몇 십억을
줘도 새로
살 수
없습니다
절대 다른 무엇으로
대체할 수 없습니다
당신만이 지킬 수
있습니다
보이지
않아도
망가지지
않도록
제대로 SOS를
알아차리고
관리해주세요

마음을 다치는 이유는 그 사람이 나약해서?

A

'마음이 아픈 것은 자신이 나약해서'라고 생각하는 사람이 많은데, 그렇지 않습니다. 어느 조사*에 따르면 현재 성인 5명 중 1명이 정신질환에 걸린 경험이 있다고 합니다. 마음이 아픈 것은 많은 사람에게 일어날 수 있는 일로, 특별한 경우가 아닙니다. 따라서 만일 우울증을 앓고 있다 해도 '나는 마음이 약해' 같은 생각으로 **자신의 기분을 더욱 궁지에 몰아넣을 필요가 없습니다.**

마음과 관련된 질환은 '유전적 요인과 환경적 요인이 반반'이라고 말합니다. 유전적 요인은 그 사람이 원래부터 지니고 있던 것입니다.

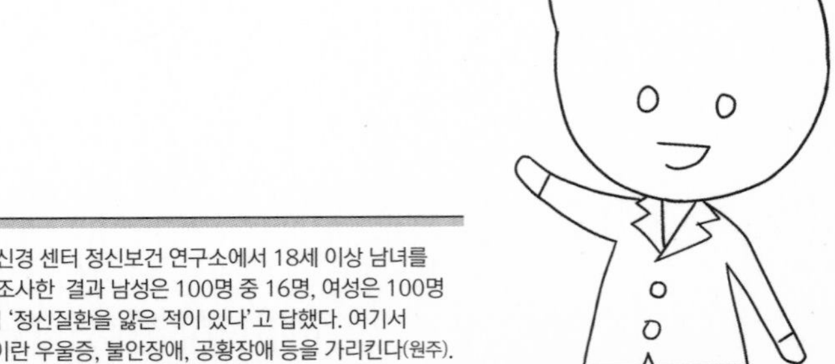

* 국립 정신신경 센터 정신보건 연구소에서 18세 이상 남녀를 대상으로 조사한 결과 남성은 100명 중 16명, 여성은 100명 중 27명이 '정신질환을 앓은 적이 있다'고 답했다. 여기서 정신질환이란 우울증, 불안장애, 공황장애 등을 가리킨다(원주).

환경적 요인이란 그 사람이 어떤 생활을 해왔고 또 현재는 어떻게 보내고 있는지를 뜻합니다. 예를 들어 일란성쌍둥이의 유전자는 기본적으로 같지만, 한 명이 마음의 병에 걸렸다고 다른 한 명도 반드시 그 병에 걸리는 것은 아닙니다. 스트레스가 심한 환경에 놓인다면 누구라도 정신적으로 궁지에 몰려 마음의 병에 걸릴 가능성이 높아집니다. 물론 그런 스트레스 환경에 있다 하더라도 궁지에 몰리지 않고 건강하게 지내는 사람이 있기 때문에, 최종적으로 '환경뿐만' 아니라 '유전적 요인과 환경적 요인이 반반'이라고 하는 것입니다.

참고로 저 또한 과거에 스트레스가 과다한 상태에서 잠을 못 자고 식욕이 없고 '일하러 가기 싫다'고 생각했던 적이 있습니다.

일시적인 증상이어서 정신건강 클리닉에 갈 정도는 아니었지만 장기적으로 지속되었다면 우울증에 이르렀을 가능성이 충분한 상황이었습니다. 의사인 저조차 이런 상태에 빠지는 것입니다. **'어떤 일이 있어도 절대 괜찮은 사람'이란 존재하지 않습니다.**

침울한 상태가 이어지거나 정신건강 클리닉에 다닌다는 이유로 '나는 나약해'라며 괴로워할 필요가 없습니다.

제3장

열심히 하지 않을 용기

대학을 졸업하고
곧바로 취업해 매일
밤늦게 퇴근하자
부모님은 저를
걱정하셨습니다
선배나 동료들은
야근을 더 많이 해!
그래도 다들
아무렇지 않단 말이야!
나도 열심히
해야 해!!
그 말을 들은
엄마의 대답
간사이 사람
그럼
그 사람들한테
맡기고
넌 퇴근하면
되겠네
그 사람들은
아무렇지 않은 거
아니야?
넌 그게 안 되잖아
할 수 있는
사람이 하는 게
효율적이지
않니?
경악하는
동시에
이 얼마나
제멋대로인
사고방식인가
오히려 한술
더 뜬다!!
"다들 열심히
하니까
힘내자"
완전
부정!!
타인에 대한
배려 따위
없어!

뭐-야
열심히 하는 사람만 있는 게 아니었어…
그렇구나, 세상에는
이런 사고방식을
가진 사람도 있구나
하니, 필사적이었던
자신이 조금 바보
같아졌습니다
퇴근하면 같이 깨버리심
늦었네
직장에 나가셨다
늘 잠이 부족하셨음
다녀왔습니다
그때 저는
그런
여유가
없을
정도로
위태로운
상황이었나봅니다
사람을 기다리게 하면 안 돼
약속 시간에 자주 늦었다
엄마는
결코
이기적인
사람이
아니었고
다른 사람에 대한 배려는
중요하다고 생각합니다
하지만 우선순위라는
것이 있습니다
자신을 희생하는 일은
적당히 합시다
어릴 때 '다른
사람에게 절대
피해를 줘선 안
된다'고 가르쳤기
때문에
솔직히 좀
놀랐습니다

상관하지 않는다

사람은 자기 나름의
상식이나 양식을
마치 옷처럼 걸치고
살아갑니다
사람에 따라
그 색이나
모양도
가지가지
서로
인정하고
맞추며
그쪽은 그런
모양이네요
네, 입기
편해요
그것도
좋네요
이건
거기
맞춰요
살아가지만
가끔
맞출 수 없는
사람도 있습니다

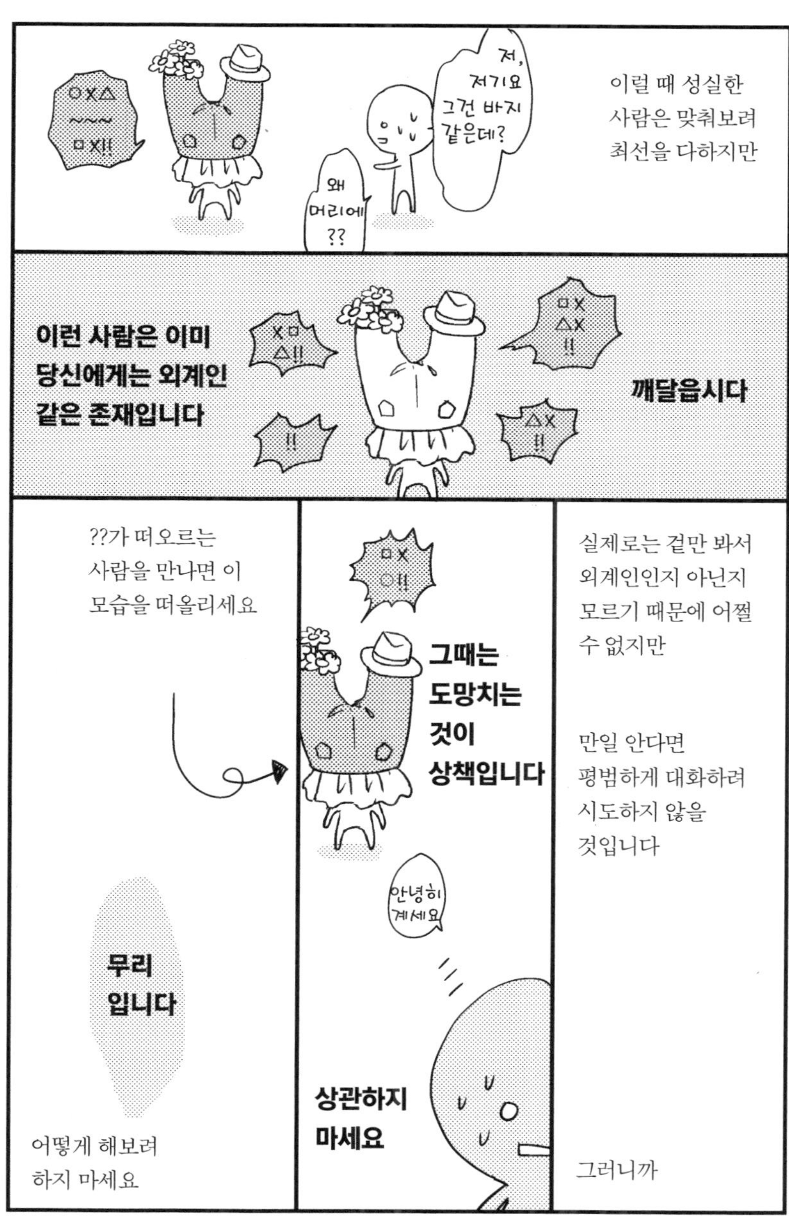
○X△
~~~
□X!!
저, 저기요 그건 바지 같은데?
왜 머리에 ??
이럴 때 성실한 사람은 맞춰보려 최선을 다하지만
이런 사람은 이미 당신에게는 외계인 같은 존재입니다
X□ △!!
!!
□X △X !!
△X !!
깨달읍시다
??가 떠오르는 사람을 만나면 이 모습을 떠올리세요
무리 입니다
어떻게 해보려 하지 마세요
□X ○!!
그때는 도망치는 것이 상책입니다
안녕히 계세요
상관하지 마세요
실제로는 겉만 봐서 외계인인지 아닌지 모르기 때문에 어쩔 수 없지만
만일 안다면 평범하게 대화하려 시도하지 않을 것입니다
그러니까
~~~

그만둬버리고
싶을 때
이번에야말로
그만둔다…
더는…
못하겠어
괴로워서 쉬고
싶을 때
이런 말
하는
사람 있지
않나요?
세상에는
너보다 힘든
사람도
있으니까 참아
내가 네 나이
때는 두 배로
일했어
그래도 넌
나은 편이야
난 더 힘들어
오늘도 회사에서
이런 일이…
이럴 때는
입 밖에
내지 않아도
좋으니까
이렇게
생각합시다
아 그래?
나랑은
상-관-
없-는-데
그렇군요
힘들겠다

그런데
그건 당신하고는
상관없잖아요

세상에는 당신보다 참혹한 상황에 놓인 사람도 많이 있습니다

더 참는 사람도, 더 노력하는 사람도 있습니다

하고 싶은 사람들은 마음대로 하게 둡시다

불행 경쟁에 뛰어들 필요는 없습니다

그래요 마음대로 하세요

저는 행복해질 거예요

괴로운 사람도 당신
쉬고 싶은 사람도 당신
그만두고 싶은 사람도 당신

궁지에 몰려 몸과 마음을 망가뜨리는 사람도 당신

타인은 아무것도 해주지 않습니다

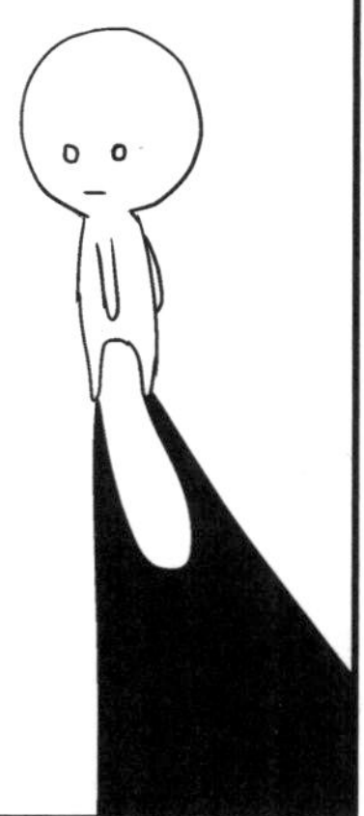

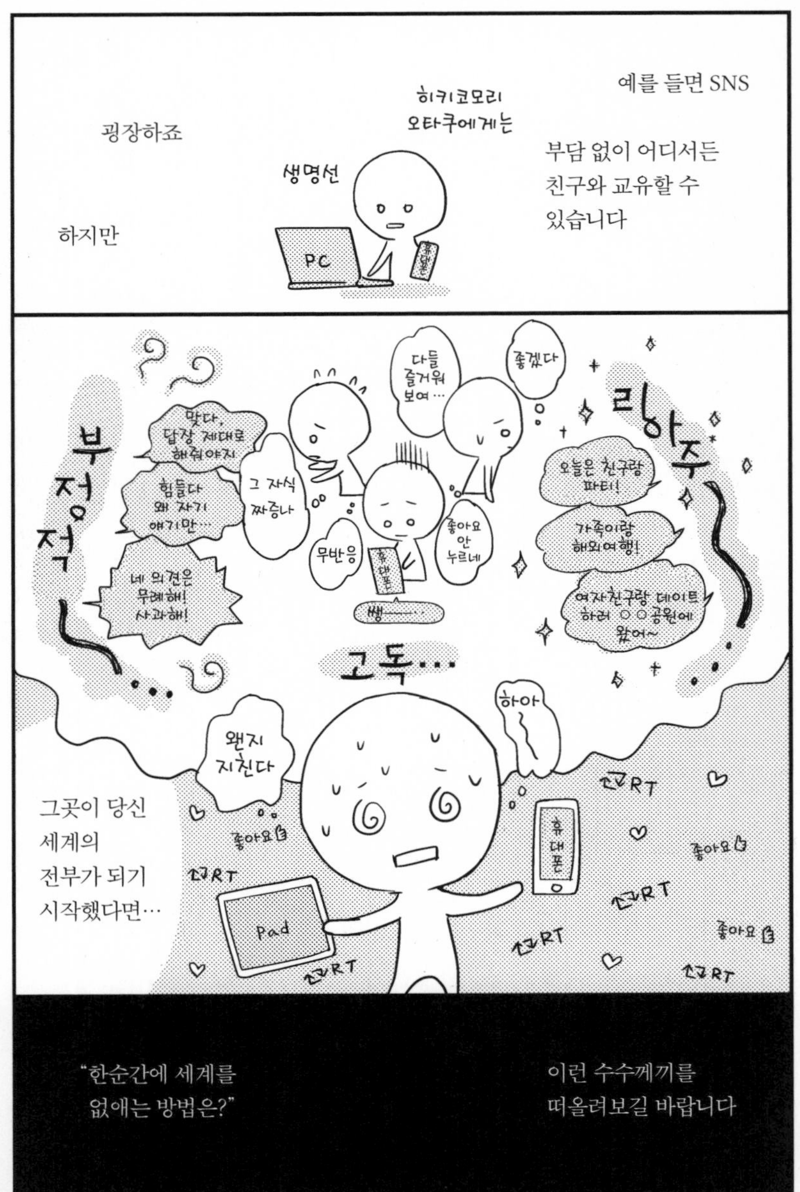

"한순간에 세계를 없애는 방법은?"

이런 수수께끼를 떠올려보길 바랍니다

* 인터넷 신조어로서 현실에 충실한 사람을 가리킨다.

눈을 감기만
하면 됩니다
정답
촤락
휙
휴대폰
pad
……
무엇을 보느냐는
당신에게 달렸습니다
세계란 당신의
눈에 비친 것
당신에게는 세계를
없앨 수 있는 힘이
있습니다
필요 없는 것은
'없애버리면'
어떨까요?
없애주마
네놈이 마음에
안 드는구나
이번 한 번은 세계의
왕이라도 된 것처럼

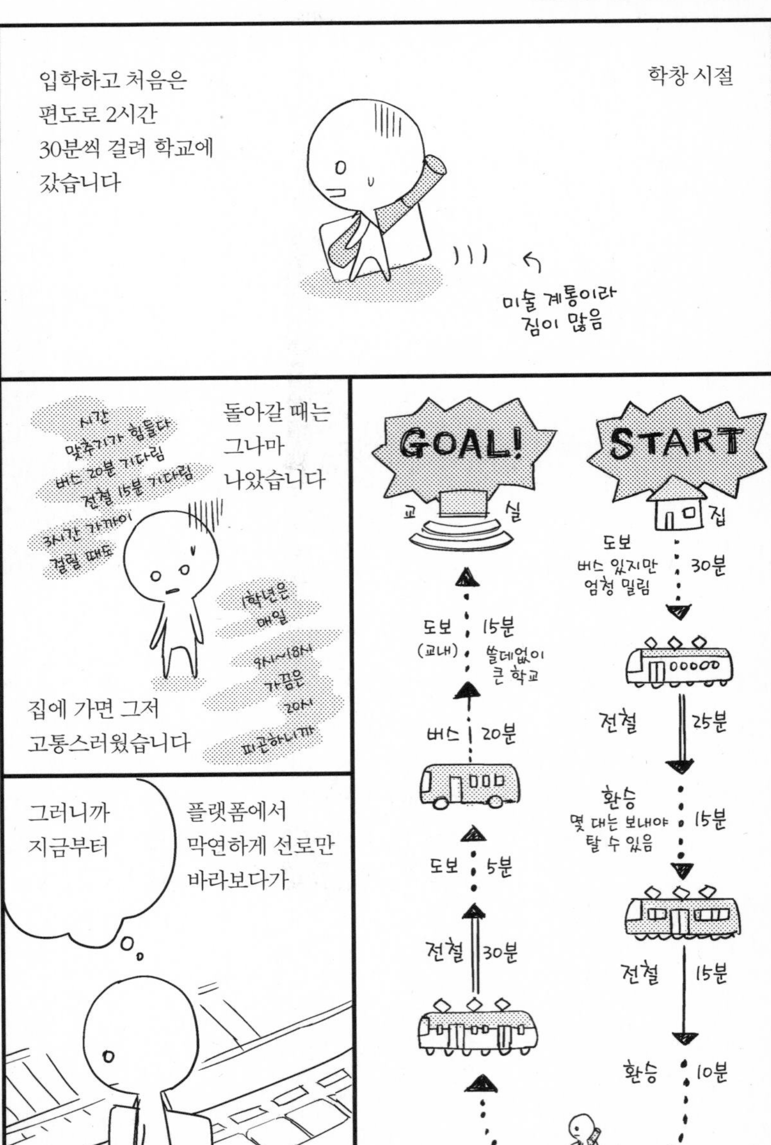
학창 시절
입학하고 처음은 편도로 2시간 30분씩 걸려 학교에 갔습니다
미술 계통이라 짐이 많음
돌아갈 때는 그나마 나았습니다
시간 맞추기가 힘들다
버스 20분 기다림
전철 15분 기다림
3시간 가까이 걸릴 때도
1학년은 매일
9시~18시 가끔은 20시
피곤하니까
집에 가면 그저 고통스러웠습니다
START
집
도보 30분
버스 있지만 엄청 밀림
전철 25분
환승 15분
몇 대는 보내야 탈 수 있음
전철 15분
환승 10분
전철 30분
도보 5분
버스 20분
도보 (교내) 15분
쓸데없이 큰 학교
GOAL!
교실
그러니까 지금부터
플랫폼에서 막연하게 선로만 바라보다가

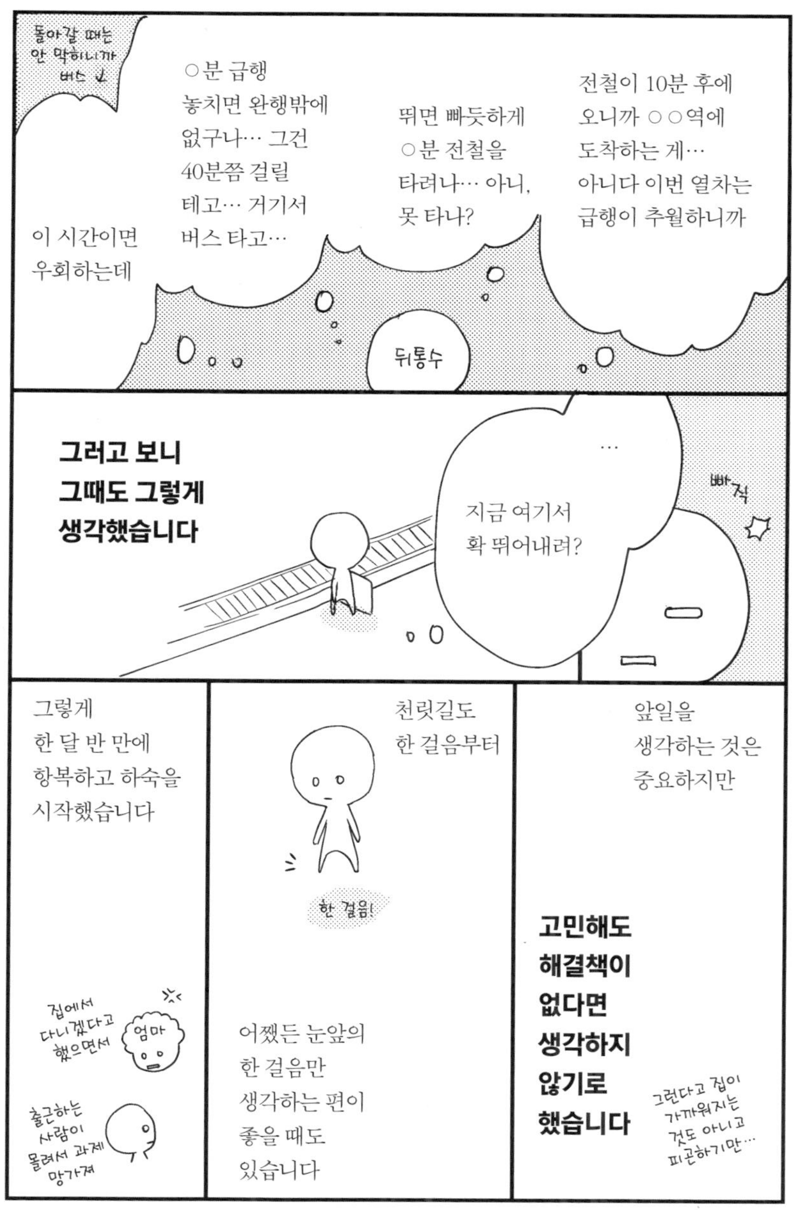
돌아갈 때는
안 막히니까
버스 ↓
이 시간이면
우회하는데
○분 급행
놓치면 완행밖에
없구나… 그건
40분쯤 걸릴
테고… 거기서
버스 타고…
뛰면 빠듯하게
○분 전철을
타려나… 아니,
못 타나?
전철이 10분 후에
오니까 ○○역에
도착하는 게…
아니다 이번 열차는
급행이 추월하니까
뒤통수
그러고 보니
그때도 그렇게
생각했습니다
…
지금 여기서
확 뛰어내려?
빠직
그렇게
한 달 반 만에
항복하고 하숙을
시작했습니다
집에서
다니겠다고
했으면서
엄마
출근하는
사람이
몰려서 과제
망가져
천릿길도
한 걸음부터
한 걸음!
어쨌든 눈앞의
한 걸음만
생각하는 편이
좋을 때도
있습니다
앞일을
생각하는 것은
중요하지만
고민해도
해결책이
없다면
생각하지
않기로
했습니다
그런다고 집이
가까워지는
것도 아니고
피곤하기만…

사고로

두 다리가
부러졌다고 칩시다

자, 당신이라면
어떻게
하시겠습니까?

①평소처럼 생활한다

②신경 쓰지 않으려 노력한다

③힘내서 전력질주한다

①을
선택한
당신

**일어설 수 없는
시점에서 이미
무리임을 알아야
합니다**

②를
택한
당신

**반드시 신경 쓰일
테고 해결되는
일은 아무것도
없습니다**

③을
택한
당신

**대체 무슨
생각인
겁니까?**

정답은
물론

당연한 것입니다

④병원에 가서 적절한 치료를 받고 쉰다

우울 상태도 마음이 부러진 것과 비슷한데 '마음'의 문제라고 하면 이 당연한 선택지가 보이지 않는 사람이 많은 것 같습니다

아뇨 아뇨, 치료 먼저 합시다!

부러졌으면 치료를 받고 고칩시다

'마음'도 똑같습니다

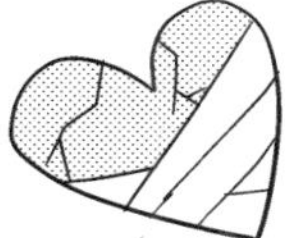

당연하지만 부러진 것을 혹사시키면 산산조각이 납니다

…라고 해도
사실 그렇게
이야깃거리는
없어요
지극히 평범한 부부라서요
담당편집자
음, 각자 장단점이
있으니까 서로
보완하면 좋다
뭐 그런?
알겠어요
부부끼리
돕는
훈훈한
이야기
같은 거요
장단점이라고 하면
우리는 남편 쪽이
꼼꼼해서 머리카락
한 올도 줍고 다니는
타입인데
남편
머리카락 떨어졌어
먼지가
어느새 청소가 돌리는 중
독신 시절
앗
지금은 나은 편…
저는 너무 어질러서
유리컵이 있는
것도 모르고 맨발로
밟아서 깨뜨리는
타입이거든요
나쁘지 않네… 지압 마사지 같아, 하면서
…
대단하시
네요
컵조차 알아차리지 못하는
수준이라서 애초에 더러운 게
안 보여요
"알아차리지도 못하다니
행복하겠어" 하고 남편이 자주
칭찬해줘요
부끄
…저, 이건 훈훈한
미담이라기보다는 그냥
제가 못난 부인이라는
이야기로 들리지
않나요?
…
그렇군요
트위터에서 욕먹는 거 아닌가
그게 어때서요!
'알아차리지 못하는 게 행복'
거기다 '그런 사람도
행복할 수 있어요'라니
아주 멋진 걸요!
못나서 오히려 환영
못난 사람도
괜찮은
듯합니다
…
그러
네요

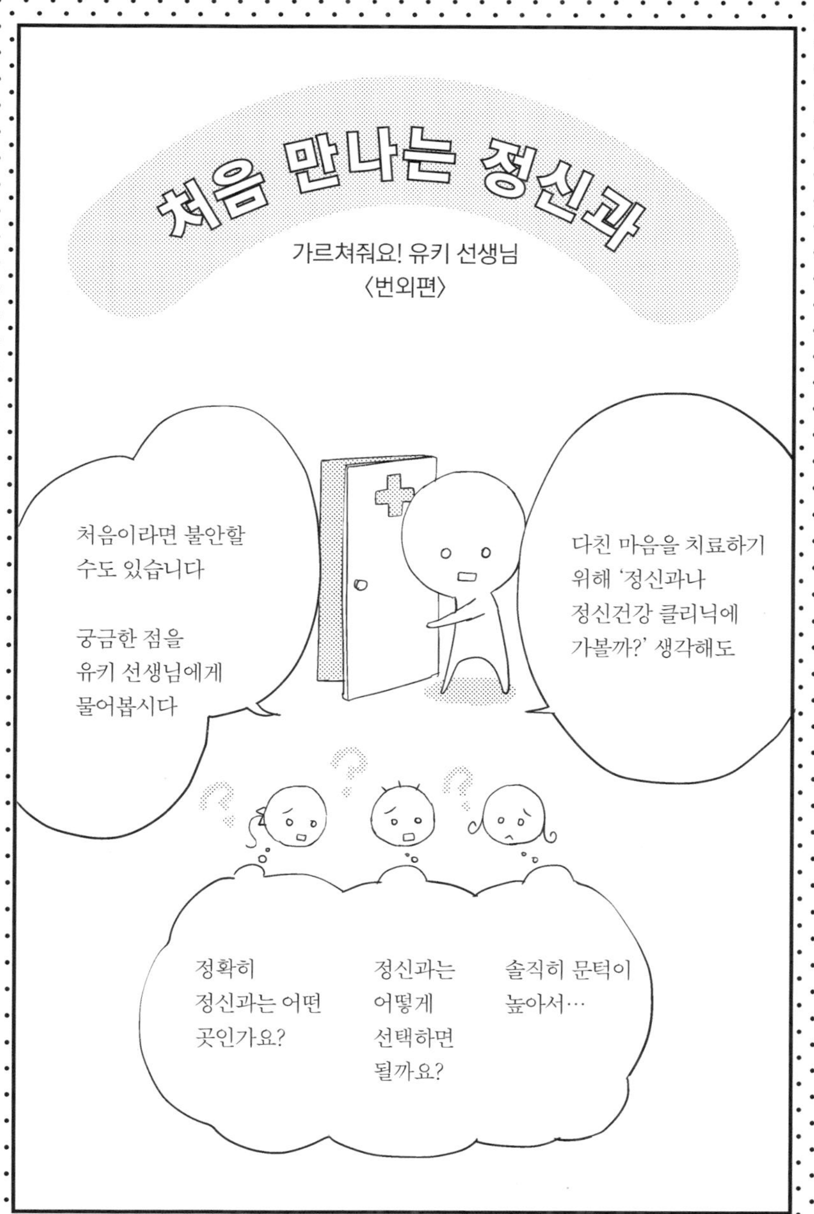
처음 만나는 정신과
가르쳐줘요! 유키 선생님
〈번외편〉
처음이라면 불안할 수도 있습니다
궁금한 점을 유키 선생님에게 물어봅시다
다친 마음을 치료하기 위해 '정신과나 정신건강 클리닉에 가볼까?' 생각해도
정확히 정신과는 어떤 곳인가요?
정신과는 어떻게 선택하면 될까요?
솔직히 문턱이 높아서…

이런 일로 전화해도 괜찮나요?

등등 정말
단순한 문의라도
상관없습니다
병원이
역에서
가깝나요?
여자 의사가
있나요?
또
남자
의사한테는
말하기
어려워서요
이런 생각은
하지 말고
부담 없이
연락해보세요
뭐라고 하면
어떡하지…
'이런 일로
전화하면
민폐?'
유난떤다고
생각하면
창피한데…

전화가 긴장될 때는

요즘은 메일로 진료 예약을 받는 병원이 점차 늘고 있습니다
자아, 저희 병원 홈페이지에서!
전화하는 게 긴장돼요…
통화가 긴장되는 분은 '이야기할 내용을 미리 정해두는 것'도 한 방법입니다
그렇다고 해도 일반적으로는 보통 전화를 이용하게 되지요
등등 자신이 할 말을 미리 정해둡시다
초진인데 언제 방문 가능할까요?
예약하고 싶은데요

실전에 앞선 리허설이라고
보면 됩니다
그것만으로도 기분이 편안해지고
전화 걸기가 훨씬 수월해집니다
초진인데요
예약을…
이렇게 하면
되나?
그리고 전화를
걸기 전에 그 말을
중얼거려보세요
여유가
있다면
이처럼 예상 질문에 답변을
생각해두면 기분이 더 편안해집니다
업무나 좋아하는 사람과의
통화에서도 긴장될 때 사용할
수 있는 기술이므로 기억해두면
좋습니다
증상이
어떠세요?
잠이 안
와서요
다른
정신과에
다닌 적
있으세요?
아니요

원래 '잘 보이고
싶으면' 쉽게
긴장한다고 합니다
걸치레
지나치게 긴장할
필요 없습니다
…라고 말하는
것과 다를 바
없습니다 그럴
필요 없습니다
병원 직원한테
이런 모습 보이고 싶지 않으니까
제대로 씻고 옷 입고 머리하고
화장하게 해주세요!
솔직히 말해
'정신과 직원에게
잘 보일 이유' 따위
없으니까요
예를 들어 정신이
어찔하고 생명의
위협에 직면해
있는데
쓰러졌는데 지금
무슨 소리예요!
당장 구급차로
옮기겠습니다
욕조
용건만 전해지면
되니까 부담 없이
연락해보세요
'대답을
잘해야겠다'고
생각할 필요도
없습니다

자신에게 맞는 정신과를 선택하려면?

정신과는 어떤 곳?

정신과에서는
어떤 치료를
받나요?
크게 나누면 '약'과 '의사의 상담(진찰)' 두 범위입니다
전문적으로 말하자면 '약물요법'과 '정신요법'이 되겠습니다
치료 방법은 환자의 증상이나 클리닉의 방침에 따라 달라지는데요
처방전
약과 관련해서 부작용 등이 불안할 수 있는데요
그때는 납득이 갈 때까지 의사와 상담해보시길 권합니다
이 약은 어떤 효과가 있나요?
이 약은요
부작용은 어떤가요?
약은 무조건 먹어야 하는 것은 아니지만 증상이 심할 때는 먹는 편이 개선에 도움이 되겠죠

임상심리사가 30분에서 한 시간 정도 시간을 들여 상담으로써 치료를 진행합니다
오늘 어떻게 오셨나요?
잠이 안 와서…
그리고 의사가 아닌 임상심리사(카운슬러)가 진행하는 '카운슬링'도 있습니다
그런데 정신과와 심료내과는 어떻게 다른가요?
?
저, 거기는
카운슬링을 하나요?
카운슬링을 하는 곳과 하지 않는 곳이 있기 때문에 전화로 먼저 확인하는 것이 좋습니다
엄밀히 말해 '심료내과(心療內科)'는 그 단어에서 알 수 있듯이 내과의 한 분야입니다
스트레스 위염
'마음의 병에서 비롯된 내과 질환을 치료하는 과'입니다
스트레스 과식으로 몸 상태가 좋지 않다
등등

그러니까 불안함이나
초조함 그리고 환각이나
환청 같은 것들까지 모두
포함됩니다
그리고
'정신과(精神科)'는
'마음의 문제
전반을 다루는
과'가 되겠습니다
심료내과
정신과
'심료내과 · 내과'라고
적힌 클리닉은 내과
출신 의사가 진찰할
가능성이 높지요
심료내과
내과
일본에서는
많은 정신건강
클리닉들이
심료내과와 정신과
양쪽을 모두
표방합니다
정신건강 의학과
정신
건강
클리닉
그래서 순수하게 우울증을
치료받고 싶다면 '정신과'나
'정신건강 클리닉'에서
상담받기를 권합니다

유키 선생님의 조언

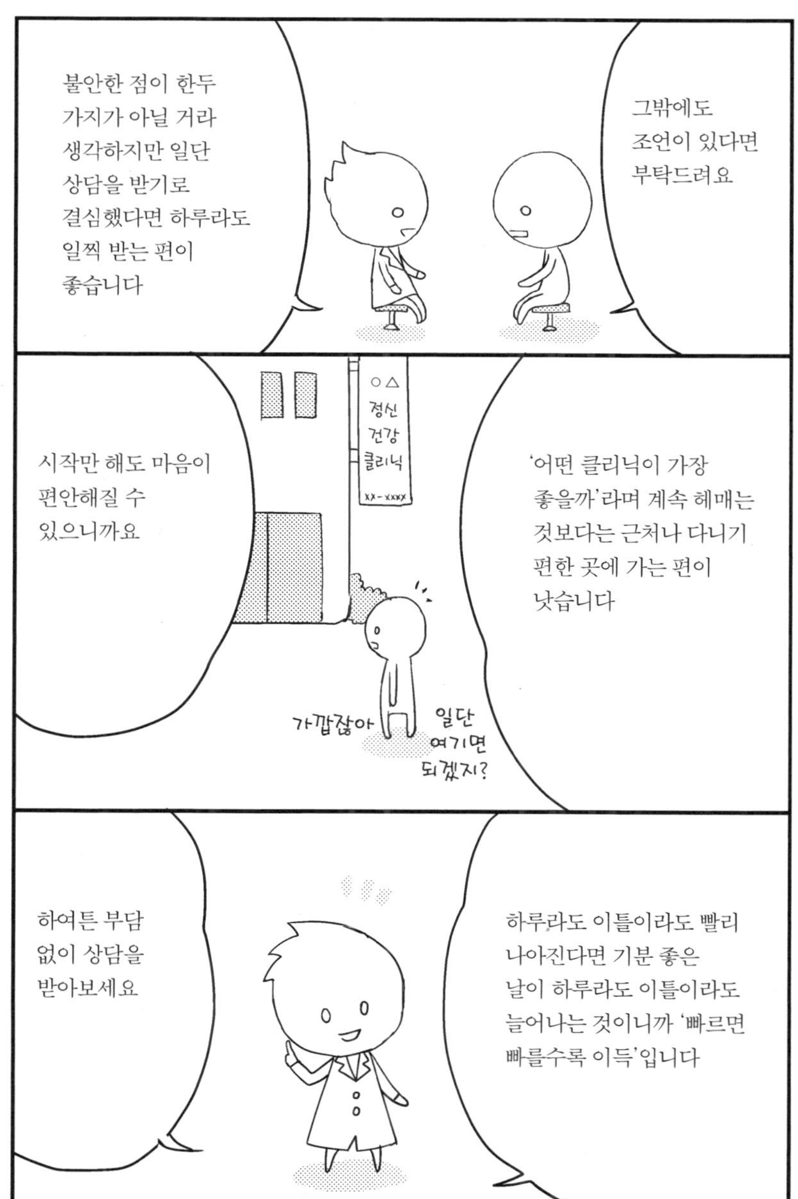
그밖에도 조언이 있다면 부탁드려요
불안한 점이 한두 가지가 아닐 거라 생각하지만 일단 상담을 받기로 결심했다면 하루라도 일찍 받는 편이 좋습니다
'어떤 클리닉이 가장 좋을까'라며 계속 헤매는 것보다는 근처나 다니기 편한 곳에 가는 편이 낫습니다
○△ 정신 건강 클리닉
XX-XXXX
가깝잖아
일단 여기면 되겠지?
시작만 해도 마음이 편안해질 수 있으니까요
하루라도 이틀이라도 빨리 나아진다면 기분 좋은 날이 하루라도 이틀이라도 늘어나는 것이니까 '빠르면 빠를수록 이득'입니다
하여튼 부담 없이 상담을 받아보세요

Q

정신과나 정신건강 클리닉은 어느 단계에서 가면 될까요?

A

대답은 간단합니다. '곤란할 때'입니다. 일상생활에 지장이 있다면 되도록 빨리 상담을 받는 것이 중요합니다.

그렇다고 해도 '곤란한 상황인지 모르겠다' 하는 분들도 있을 테니까 구체적인 기준을 들어보겠습니다.

①잠을 못 잔다

우울증의 대표적인 증상으로 불면이 있습니다. **침대에 누워 한 시간이 지나도 잠이 오지 않는 상태가 일주일 이상 계속된다면 각별한 주의가 필요합니다.**

②식욕이 없다

우울증에 걸리면 식욕이 떨어지는 경우가 많습니다. **좋아하는 요리를 앞에 두고 먹고 싶지 않다, 어떤 음식을 먹어도 맛이 없다는 경우 각별한 주의가 필요합니다.**

③일하러 가기 싫다

일하러 가기 싫다는 기분은 크든 작든 누구나 느낄 것입니다. **하지만 회사에 가는 날 아침이 우울해서 견딜 수 없다거나 구역질 같은 증상이 나타난다면 우울증일 가능성이 큽니다.**

④좋아하는 일이나 취미가 즐겁지 않다

인간은 싫은 일이 있어도 좋아하는 것이나 취미를 즐기면서 싫은 일을 잊고 '내일부터 또 힘내자'라고 생각할 수 있습니다.

하지만 우울증에 걸리면 지금까지 좋아하던 것이나 취미가 더 이상 즐겁지 않습니다. **평소 정말 좋아했던 것이 귀찮거나 재미없어지기 시작했다면 각별한 주의가 필요합니다.**

❺ 죽음에 대해 생각하는 일이 늘었다

죽음을 자주 생각하는 것도 우울증 증상의 하나입니다.
베란다에 나갔을 때 '여기서 뛰어내리면…?' 식칼을 보고 '이걸로 찌르면…?'이라는 생각이 머리를 스칩니다. 물론 실제로 실행한다면 큰일이지만 그런 생각을 한다는 자체가 이미 우울증의 시작인 것입니다.
이 책의 첫머리와 64페이지(〈앞일은 생각하지 않는다〉 편)에서 '이대로 선로에 뛰어내린다면…'이라고 생각하는 것도 틀림없이 이 증상입니다.

이상의 다섯 가지 증상 중에서 본인에게 해당되는 것이 세 가지 이상이라면 정신과에 가보는 편이 좋습니다. 하나나 두 개밖에 해당되지 않아도 한 달 이상 증상이 지속된다면 정신과에서 상담을 받아보는 것이 좋겠습니다.

또한 정신과 상담을 받겠다고 결심한 것까지는 좋은데 '어디가 괜찮은지 모르겠다' 하는 분들도 많습니다. 개인적으로는 '어디든 괜찮으니까 빨리 가기'를 권합니다. 물론 성공할 수도 실패할 수도 있고, 좋기도 나쁘기도 하겠지만 뭐가 됐든 생각만 하고 있으면 끝이 없습니다.

예를 들어 크게 다쳐서 구급차에 실려 갈 때 “잠깐만요! 가장 좋은 응급실로 데려다주세요! 아, 거긴 싫어요! 더 훌륭한 명의가 있는 곳으로요!” 하는 사람은 없겠죠.

어쨌든 ‘어디라도 좋으니까 상담받는 것’, 하루라도 빨리 마음을 치료해주는 것이 무엇보다 중요합니다. 다니기 쉬운 장소에 있다는 것도 충분한 이유가 됩니다. 특히 정신건강 클리닉은 예약하기 어려운 곳도 많습니다. 손에 집히는 대로 전화해봐서 가까운 시일에 예약 가능한 곳으로 정해도 좋겠습니다.

한 번 방문해서 '안 맞다'고
생각하면 다른 클리닉을
검토하면 되는 것입니다.
어쨌든 부담을 느끼지 말고
상담을 한번 받아보자 라고
생각하면 좋겠습니다.

깔끔한
성격
건조기 필터는
매일 청소해야지
딸깍
청소할 때 되면
알람 울리니까
그때까진 괜찮아
그럼 너무 늦어
알람이 울리는
시점에서
이미 한계니까
위~잉
관리라는 건 한계에
이르기 전에 해야지
그렇게 쓰면 빨리
망가져
응, 그렇게는
생각 못했네
게을러터짐…
자기 관리
(휴식)는 해도
가전 관리는
안 하는 악덕
소유주
…
그런데
그걸 아는
사람이 왜
매일 한계까지
일하고
퇴근해?
괜찮아
이 정도는 한계
아니니까
옛날엔 더…
굿!
굿, 이
아니지
언제까지고
젊다고
생각하지 마

제4장

자신의 인생을 살기 위해

당신이 운전하는 차에는
부 — 웅
여러 사람이
올라탑니다
그리고 제멋대로
말을 합니다
멈춰!
운전 진짜 못하네!
그쪽은 위험해!
계속 가!
차선 바꿔!
오른쪽
왼쪽
그쪽이 아냐!!
내 말대로 해!
바보야 아니잖아
멈춰?
계속 가?
어? 어?
오른쪽?
왼쪽?
왼쪽!
오른쪽인 것
같지만…
뭐?
왼…?
끼익
쾅!

네 잘못이야!
나는 왼쪽이라고 들었어 걔가 나빠
네 탓이야!
거봐 사고 났잖아! 그러니까 오른쪽이라고 했는데!
아니야
왼쪽 이라며
당신 탓입니다
아닌 게 아닙니다
그러니까
여기까지 온 길은 당신이 선택한 길
그 핸들은 온전히 당신의 것
누가 뭐래도 다른 사람은 만질 수 없습니다
…핸들
당신이 잡고 있는 그건 뭔가요?
그래도
여기부터 가게 될 길도 당신이 선택할 수 있습니다
…
그러니까

그렇다면
'죽을 정도로 힘들어도 회사를
그만두지 못하는 이유'는
판단력을 빼앗기기
때문입니다
퇴사
'판단력이 남아 있는 동안 그만두는 것'이 불가능한 이유는?
이직 가능할까 부모님이 걱정할 텐데
불안…
다음은 없다고
더 나빠지면 어떡하지
3년은 열심히
저축도 얼마 없고…
돌이켜보면
여러 이유가
있겠지만
'남을 위해'
가족을 부양해야지
회사나 고객에게 피해를 줄 순 없어
부모님 걱정 끼치면 안 돼
'남의 평가
때문에'
상사한테 혼나겠지…
능력 없다는 말은 듣기 싫어
이렇게 빨리 그만뒀다고
가족한테 말 못해…
체면이…
그중에서
'타인을 중심으로
생각해버린 것'이
가장 큰 이유가
아닐까 싶습니다

남을 우선시하고
자기 몸과 마음은
뒷전으로 두는 동안
때를 놓치고
마는 게 아닐까요?
남을 배려하는 것은
중요합니다
가족…
소곤
소곤
남의 눈을
신경 쓰는 것도
인간이라면
당연하다고
생각합니다
…
상사와
동료…
하지만
그 때문에
진심으로
'목숨을 잃어도
괜찮다'고
생각하는
사람은 분명
없을 것입니다
'자신의
목숨과 인생을
최우선으로
생각한다'고
마음먹는다면
죽을 정도로
너무 열심히
하는 일은
없어지지
않겠습니까

엄마는 한때 '헬로워크'라는
고용안정센터에서
일하셨습니다
회사는
책임도
안 지고
자른 거야
회사가
시키는 대로
하다가 몸이
불편해졌는데
그런데 몸은
불편하지
다음 일자리는
안 찾아지지
호로록
아
다녀
오셨어요?
…
집에 계셨네요
…오늘
방문한
사람
어 응
…만일의 경우에
회사는 아무것도
안 해주니까
자기 몸은
자기가
지켜야 해
딱 한 번
엄마는
그런 이야기를
하셨습니다
고등학생 때

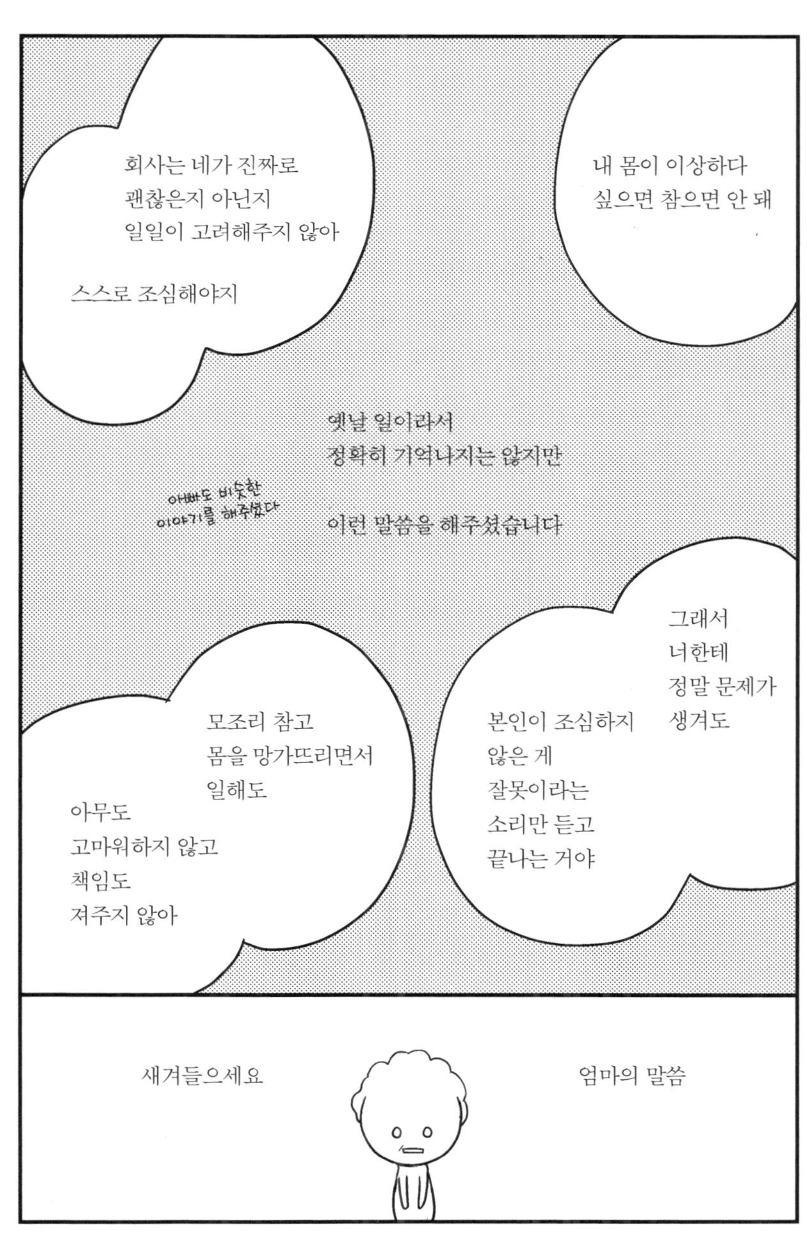
회사는 네가 진짜로 괜찮은지 아닌지 일일이 고려해주지 않아

스스로 조심해야지
내 몸이 이상하다 싶으면 참으면 안 돼
옛날 일이라서 정확히 기억나지는 않지만
아빠도 비슷한 이야기를 해주셨다
이런 말씀을 해주셨습니다
그래서 너한테 정말 문제가 생겨도
본인이 조심하지 않은 게 잘못이라는 소리만 듣고 끝나는 거야
모조리 참고 몸을 망가뜨리면서 일해도
아무도 고마워하지 않고 책임도 져주지 않아
새겨들으세요
엄마의 말씀

어릴 적
친구를 만났습니다
야근에
빠져 살던
어느 날
전철역에서
XX역
? 어디서 본 사람…
서로
근황을
주고
받다가
뭐?
매일 늦게 퇴근해?
뭐야 그게?
일하는 요령이
얼마나 없으면 그래?
바보냐?
성실하고 우수함
아니, 요령이라든가
그런 문제가 아니야!
어쨌든 일이란 건 계속 있고
자기 일이 끝나도 10시 전에
퇴근하면 뭐라고 하니까
다른 사원들 일을 돕다보면
한밤중까지
필사적!
그만두면
되잖아
싹둑
…어?
그런 회사를
왜 다녀?
그만두면
되잖아
바보
아냐?
…어?

더 좋은 회사에 가는 건
상상도 안 되고
구직활동 엄청
힘들었다고
그걸 처음부터
다시하라니 싫어
왜라니…
합격한 회사 중에
제일 나았고
옮겨봤자 이 업계
어디를 가도 대우는
거기서 거기고
…
그러네
?
그으래
…
그런가?
필사적으로 매달렸던 일이
갑자기 아무래도 상관없는 것이
되어버렸습니다
지금의 지옥에
비하면…
이런 건…
어떻게든
되는지도…
이직 힘들어
합격도 힘들었고
더 불안할까봐
좋은 회사
이때 스스로도
놀랄 만큼 순순히
'그러네'라고
생각했습니다
친구의 말을 듣고 처음으로
'그만두는 것'이 '현재 상황을
한 번에 해결하는 방법'임을
깨달았습니다
그런 데서
뭐해?
그만
두다
출구가
있잖아
이직
지쳐
불안
괴로워
야근
한밤중
'그만두면 되지'
머리로는
알고 있었지만
현실에서는
상상하기 힘든
선택지였습니다

그쪽은 정말로 '앞'인가

행복한 생활
산 너머 저쪽
하늘 저 멀리
'행복'이 있다고
카를 부세 「산 너머 저쪽」
긍정적인 노력은 좋은 것입니다
열심히 해서
행복해지자~
좋아~
잘해보자~
있잖아
너 어디
가는 거야?
보면 몰라?
행복해지려고
열심히 오르잖아
그쪽이
네 행복이야?
진짜로?
어?
그런데
행복하려면
돈이 필요해
일도 척척 해내고
사람들이
부러워할 만한
헐떡
친구도 많고
스펙 좋은
애인도 있고
헐떡
근사한 취미도
만들면 좋고

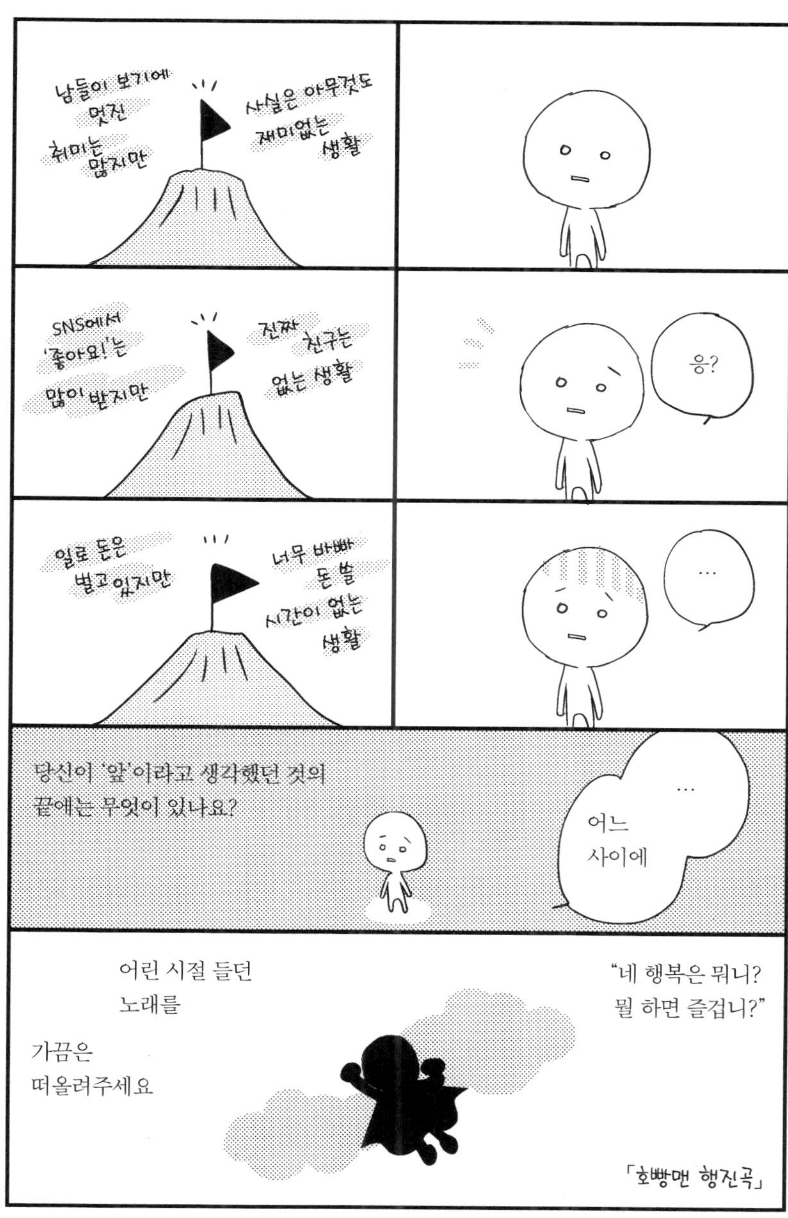
남들이 보기에 멋진 취미는 많지만
사실은 아무것도 재미없는 생활
SNS에서 '좋아요!'는 많이 받지만
진짜 친구는 없는 생활
응?
일로 돈은 벌고 있지만
너무 바빠 돈 쓸 시간이 없는 생활
…
당신이 '앞'이라고 생각했던 것의
끝에는 무엇이 있나요?
어느 사이에
…
어린 시절 들던
노래를
가끔은
떠올려주세요
"네 행복은 뭐니?
뭘 하면 즐겁니?"
「호빵맨 행진곡」

그 자리에 의지가 있는가?

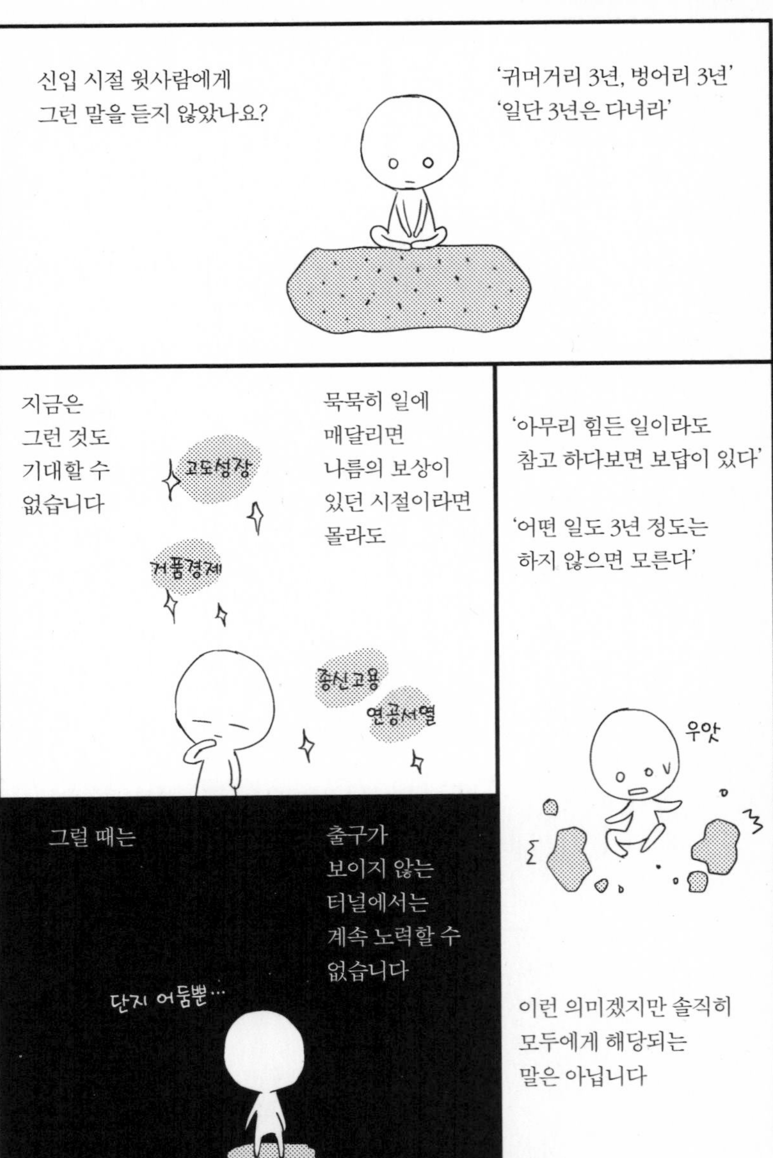

신입 시절 윗사람에게
그런 말을 듣지 않았나요?
'귀머거리 3년, 벙어리 3년'
'일단 3년은 다녀라'
지금은
그런 것도
기대할 수
없습니다
고도성장
거품경제
묵묵히 일에
매달리면
나름의 보상이
있던 시절이라면
몰라도
종신고용
연공서열
'아무리 힘든 일이라도
참고 하다보면 보답이 있다'
'어떤 일도 3년 정도는
하지 않으면 모른다'
우앗
이런 의미겠지만 솔직히
모두에게 해당되는
말은 아닙니다
그럴 때는
출구가
보이지 않는
터널에서는
계속 노력할 수
없습니다
단지 어둠뿐…

자기만의
'출구'를
만듭시다
이 일이랑
저 일을 배우면
회사를 옮기자
저축이
○원이 되면
그만두자
으라차차
GoAL
푹
자신이
정한 목표라면
스스로 바꿀 수도
있습니다
역시
이 회사
나랑 안 맞아
예정을 바꿔
빨리 옮기자
이얏
GoAL
자신의 의지로
굳힌 자리라면
참는 일도
견딜 만하고
으쌰
으쌰
의지
어차피 앉을 자리라면
다른 사람이
억지로 떠맡긴
자리가 아니라
자신의 의지 위에
나의 의지

고등학교 때
국어 선생님이
가르쳐
주셨습니다
'부러워하다'와
'시기하다'의
차이를
아나요?
부러워하다
시기하다
두말할 필요 없이
모두가 행복해지는 길은
'부러워하다'입니다
하지만
세상에는 '시기하다' 쪽에
서는 사람이
많은 것 같습니다
자신보다 위에 사람이 있을 경우…
'시기
하다'
자신의
위치까지
그 사람을
떨어뜨리고
싶어 하다
'부러워
하다'
그 사람의
위치까지
자신을 높이고
싶어 하다
너나없이
휴가 쓰기
쉬운 쪽이
멋집니다
육아휴직은
민폐다!
미안한 줄
알아라!
킥 킥 킥 킥
자신의
월급을 올려
받는 쪽이
좋습니다
공무원들 월급이
너무 많아!
우리 월급 밑으로
내려라!
킥 킥 킥 킥

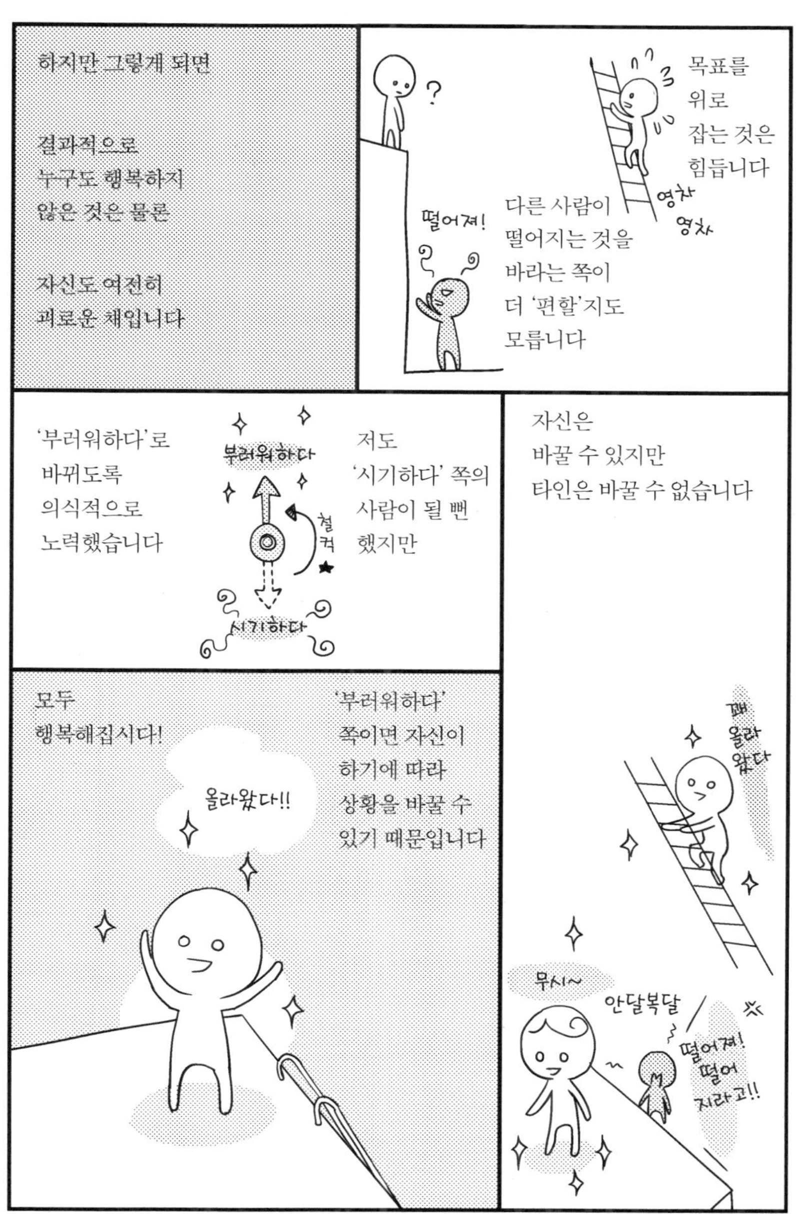
하지만 그렇게 되면
결과적으로
누구도 행복하지
않은 것은 물론
자신도 여전히
괴로운 채입니다
목표를
위로
잡는 것은
힘듭니다
영차
영차
다른 사람이
떨어지는 것을
바라는 쪽이
더 '편할'지도
모릅니다
떨어져!
'부러워하다'로
바뀌도록
의식적으로
노력했습니다
부러워하다
철컥
시기하다
저도
'시기하다' 쪽의
사람이 될 뻔
했지만
자신은
바꿀 수 있지만
타인은 바꿀 수 없습니다
올라왔다
무시~
안달복달
떨어져!
떨어
지라고!!
모두
행복해집시다!
'부러워하다'
쪽이면 자신이
하기에 따라
상황을 바꿀 수
있기 때문입니다
올라왔다!!

내가 안 하면 '누군가는' 한다

한 나라의
수상이나
대통령조차
대체할
사람이 있는데
'업무상 직위'
같은 것은
얼마든지
대체가 가능합니다
회사는
누군가가
빠져도
돌아가게
되어 있습니다
만약
그렇지 않다면
그것은 회사의
문제입니다
휘청
누가
넘어져도
회사는
괜찮아야
합니다
걱정하지 말고
쉬면 됩니다
감기로
한번 쉬어보면
잘 알게
됩니다
어떻게든
됩니다
당신이
대통령보다
대단한 사람이
아니라면
협업관계
구축
평상시
논의를 통해
업무 협력
관계 형성
데이터와
진행상황 정리
누가 봐도
알 수
있게끔
정보
공유
그룹메일이나
클라우드 시스템,
공유서버 활용
그래도 걱정이라는
사람은 평상시 미리
준비해두면 쉬기가
수월해집니다
이런 사고방식이 실천되지 않는
회사라면 개인이 쉬기 위해서라기보다는
회사 전반의 위기관리 방법으로써
이를 제안해보는 것도 좋겠습니다

대체할 수 없는
자리도 존재합니다

'업무상 직위는 대체할
사람이 있다'고 했지만

누군가의
연인이고
누군가의
친구입니다

누군가의
손자이거나
조부모입니다

누군가의
형제이거나
자매입니다

누군가의
남편이거나
부인입니다

누군가의
아빠이거나
엄마입니다

당신은
누군가의
아들이거나
딸입니다

그 자리를 대체할 사람은 절대로 없습니다

누구도 대신할 수 없으며
한 번 잃어버리면
다시는 되찾을 수
없습니다
그리고 당연히
당신 자신
당신의 꿈
당신의 인생
당신의 목숨
당신의 인생은 크고 다채롭습니다
5년 후 10년 후에
당신이 어디
있을지는
모르지만
희생해서는
안 되는 것이 있음을
꼭 기억하세요
소중한 사람들과
긴 여정을 같이하기 위해

Q 궁지에 몰리면 '왜 죽을 정도로 힘들면서도' 회사를 그만두지 못하나요?

A

심리학에는 '학습성 무력감'이라는 개념이 있습니다. 인간이나 동물이 장기간 계속해서 스트레스를 받으면 그 상황에서 도망치려는 노력조차 하지 않게 되는 현상입니다. 서커스 코끼리가 자주 예로 인용되곤 하죠.

서커스 코끼리는 발목에 줄이 묶여 땅에 박힌 말뚝에 매여 있습니다. 코끼리는 힘이 세니까 말뚝을 뽑아버리고 도망갈 수 있습니다. 하지만 서커스 코끼리는 날뛰거나 도망가려 시도하지 않고 얌전하게 매여 있습니다. 왜 그럴까요? 서커스 코끼리는 어릴 때부터 말뚝에 매여 자랍니다. 당연히 작은 코끼리의 힘으로는 말뚝을 뽑지 못합니다.

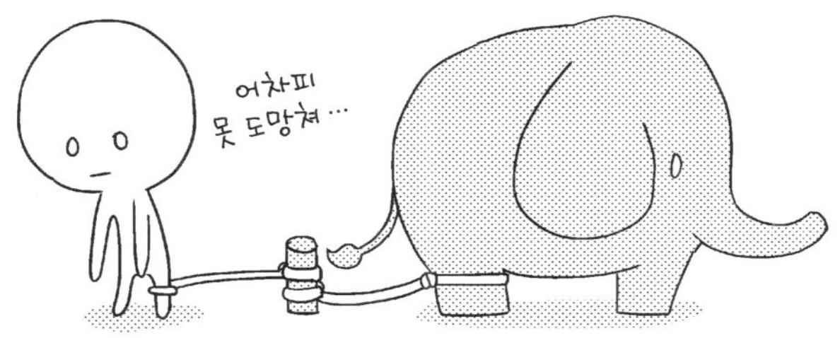

즉, 어렸을 때 '저항해도 소용없다'는 사실이 입력되었고 커서는 간단히 말뚝을 뽑을 수 있는데도 어릴 때 학습한 '소용없다'는 무력감 때문에 '도망간다'라는 발상을 못하는 것입니다.

이 개념은 인간에게도 적용됩니다. 책 첫머리에서 말했듯이 세상은 정말 넓습니다. 인생에는 많은 선택지가 존재합니다.

하지만 계속 말뚝에 매여 있던 코끼리가 말뚝을 뽑고 도망가려 하지 않는 것처럼, **인간도 계속해서 과도한 스트레스를 받으면 '도망간다'라는 선택지가 보이지 않게 됩니다.**

또한 선택지가 보인다 해도 '그만둔다'는 결단을 내릴 수 없는 사람도 있습니다.

'그만둔다'는 결단을 내릴 수 없는 사람의 이야기를 들어보면 그중 가장 큰 이유가 '그만둔 후의 생활을 상상할 수 없어서'였습니다. 예를 들어 학생 때 전학이나 진학으로 환경이 바뀌면 무척 긴장하게 됩니다. '어떤 선생님일까…' '분위기에 적응 못하면 어떡하지…' '어떤 친구가 있을까…' '친구를 사귈 수나 있을까…' '혹시 따돌림이라도 당하면 어쩌지…' 많은 불안과 걱정이 머릿속에 떠오릅니다. 새로운 환경, 즉 미지의 세계에 불안을 품는 것은 당연합니다.

그것은 어른도 마찬가지입니다.

'그만둔다'는 결단을 내리고 새로운 환경을 택했다 해도 그 환경이 반드시 '더 나은 환경'이라는 보장은 없습니다. 그런 불안 때문에 '그만둔다'라는 결단을 내리기가 더 어려워집니다.

이렇듯 '그만둔다'는 선택지가 자신 안에 있어도 불안 때문에 결단을 내리지 못하는 사람이 과도한 스트레스로 자꾸만 더 궁지에 몰리게 되면, 선택지가 있다는 사실조차 잊어버리고 '더 할 수 있는 게 없으니 죽을 수밖에 없다'라고 생각해버리는 것입니다.

개인적으로는 '그만둘' 용기가 나지 않는다면 '우선은 쉬어보는 것'도 하나의 선택지가 아닐까 합니다. 그게 아니라면 정신건강 클리닉에서 우울증 진단 테스트를 받아보거나 상담을 해보는 것도 하나의 방법이 될 것입니다.

혹시 쉴 수 있다면 그때 새로운 환경을 마련해줄 직장을 알아보는 것도 좋겠습니다. 118페이지 〈Y씨의 경우〉처럼 구직 사이트에 등록하는 방법도 좋습니다. 그리고 '아, 이런

직장이라면 재미있을지도 몰라' '이런 일 해보고 싶었어'라고 생각할 수 있다면 '직장이 바뀌는 것에 대한 불안'도 어느 정도 해소되겠지요. 또한 쉬는 동안 회사가 직무 내용이나 환경을 조정해준 결과 현재 직장에서 일하는 것이 편해질 수도 있습니다.

여담이지만 저는 초등학생 때 도쿄에서 나가노현으로 전학을 갔습니다. 전학 간 학교에서는 맨발로 보내는 시간이 많았습니다. 맨발로 밖에서 운동하는 것이 교육방침이었습니다. 당연히 신발을 벗은 채로 돌아와 교실에 들어가기 전에 수돗가에서 발을 씻었습니다. 그때 바닥에 발자국이 찍혔고 친구가 이런 말을 했습니다. "너, 발바닥이 평평하구나!"

그 순간 제가 '평발'이라는 사실을 깨달았습니다. 발바닥 가운데 오목한 부분이 없었고 완전히 평평했던 것입니다. 평발이라고 해서 인생에 별 영향을 끼치지는 않겠지만 그런데도 내가 친구와 '다르다'는 사실을 처음 깨닫고는 충격을 받았습니다. 나가노로 전학 가지 않았다면 평생 그 사실을 몰랐을지도 모릅니다.

이렇듯 환경이 바뀌면 처음 알게 되는 것, 보이기 시작하는 것들이 있습니다. 회사 내에서 운 좋게 부서 이동의 기회가 있다면 좋겠지만 만약 그럴 가능성이 낮다면 **'쉰다' 거나 '그만둔다'의 선택지가 아직 보이는 동안에 행동해보는 것은 어떨까요?**

걱정이 돼
빨리 오라고
설득해봤지만
아침 6시 30분에 나가
12시 넘어 귀가
남편은 이른바
일중독자
좋아서
야근하는 건
아니야
일이니까
어쩔 수
없잖아
울면서
매달려도
소용없었다
시간외근무 수당 없음…
작전을
바꿔보았다
이번 달에
절대 빠지면
안 되는 회의나
출장일을 알려줘
달력
매일 밤
나가떨어져
돌아오는데
그런 이야기만
하기 안쓰러워
그래
근데 왜?
무슨 일이
있어도 빠지면
안 되는 날은
놔둘 테니까
안심해
안 되겠다
싶으면 독약을
먹여서라도
쉬게 하려고
다행히 괴로운 작업을 실행하기 전에
상황은 나아졌지만
비장의 카드는 늘
준비해두고 있습니다
그건
사회적
사망이야
하지마…
회사에는
이 와이프가
엉엉 울면서
연락할게
맡겨줘
하지
마…
육체적
사망보다는
낫잖아
남편이
과로로
쓰러져서어 흐흑
굿!
굿이
아냐…
수면제

제5장

세상은 정말로 넓습니다

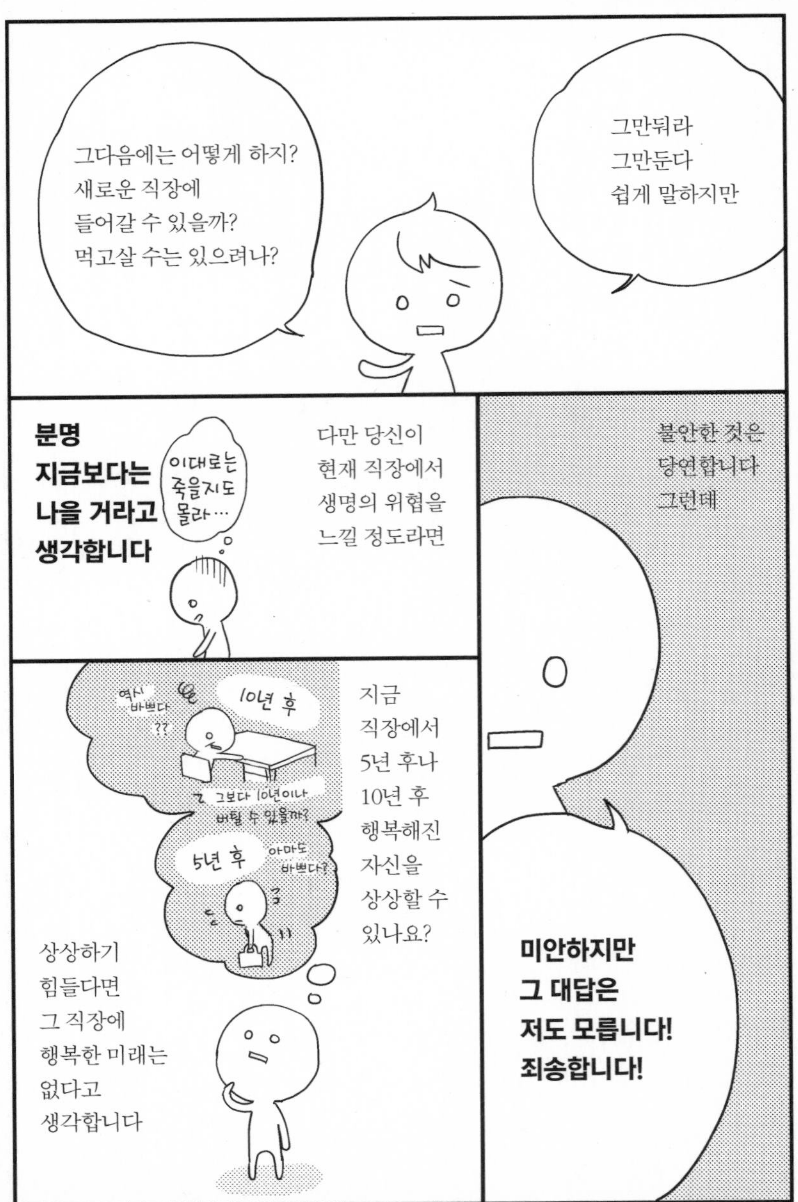
그만둬라
그만둔다
쉽게 말하지만
그다음에는 어떻게 하지?
새로운 직장에
들어갈 수 있을까?
먹고살 수는 있으려나?
분명
지금보다는
나을 거라고
생각합니다
이대로는
죽을지도
몰라…
다만 당신이
현재 직장에서
생명의 위협을
느낄 정도라면
불안한 것은
당연합니다
그런데
역시
바쁘다
??
10년 후
그보다 10년이나
버틸 수 있을까?
5년 후
아마도
바쁘다?
지금
직장에서
5년 후나
10년 후
행복해진
자신을
상상할 수
있나요?
상상하기
힘들다면
그 직장에
행복한 미래는
없다고
생각합니다
미안하지만
그 대답은
저도 모릅니다!
죄송합니다!

저는 이런
이야기라고
생각합니다
DEAD END
궁극의
선택…
이 상황이라면
오른쪽 길을
택할 수밖에
없다
이렇게 우선
부서를
이동,
야근이
줄었고
본격적으로
구직활동
개시
먼저
제 경우
인데요
부서를
옮기고
싶습니다
마음대로
할 거면
그만둬!!
네
그럴게요
회사 사정은
상관없어?
잠깐
상사
원했던
일이랑
다르기도
하고요
일하는 모습
거의 본 적 없음
뛰어갔다
휴일에
면접을 보는
회사도
꽤 있다
죄송
합니다
밤 9시에
면접 볼 수
있을까요?
제 주변의 경우이긴 하지만
과로로 직장에서 도망쳐서
전보다 나빠졌다는 사람은
한 명도 없었습니다
한때 나빠진
사람은
있지만
그 상황에서
재탈출
남편의
전근으로
퇴직할 때까지
오랫동안
신세졌습니다
정직원에
블랙기업만
아니면
다 좋아!
소개
해줘!
인맥까지
총동원해
다른 직종
으로 이직
지금 생각하면
꽤 배부른 소리
블랙기업
출신이어서
좋았던 점
이러고 돈
받아도 되나…
보통의 업무가
완전 여유로움!
결과적으로
'그만두는 게
아니었는데'라는
말도 들어본 적이
없습니다

그 회사는 생명의 위협을 느끼고 퇴사
지금은 프리랜서로 지내고 있습니다
내가 안 하면
'누군가는' 한다고
말해줬던 선배
최종적으로 200시간
가까이 시간외근무를
했다고
일은 바쁘지만 그만큼의
문화생활도 즐긴다
한때 더 심한
블랙기업에 다녔지만
지금은 부부가
독립해 잘 살고
있습니다
너무 무섭다
전 직장동료
친구
방송국에서
일하다 '진짜
죽겠다'며
퇴사
드디어 합격
열심히 공부했다
역시
교사가
되었
습니다
친구
상사의
괴롭힘 &
성희롱으로
퇴사
2년 동안
시험 공부
임용
시험에
합격
했습니다
전 직장동료
좋은 조건의
회사로 이직
하여 지금은
관리자
같은 업종이라
마찬가지로 바쁘지만
그래도 나아졌다
두
아이의
아빠
친구
일주일의
반을 24시간
잡아두는
지독한
직장에서
퇴사
사무직으로
이직
쓰러졌는데
의사가
"이러다 죽어요"
하더라고…

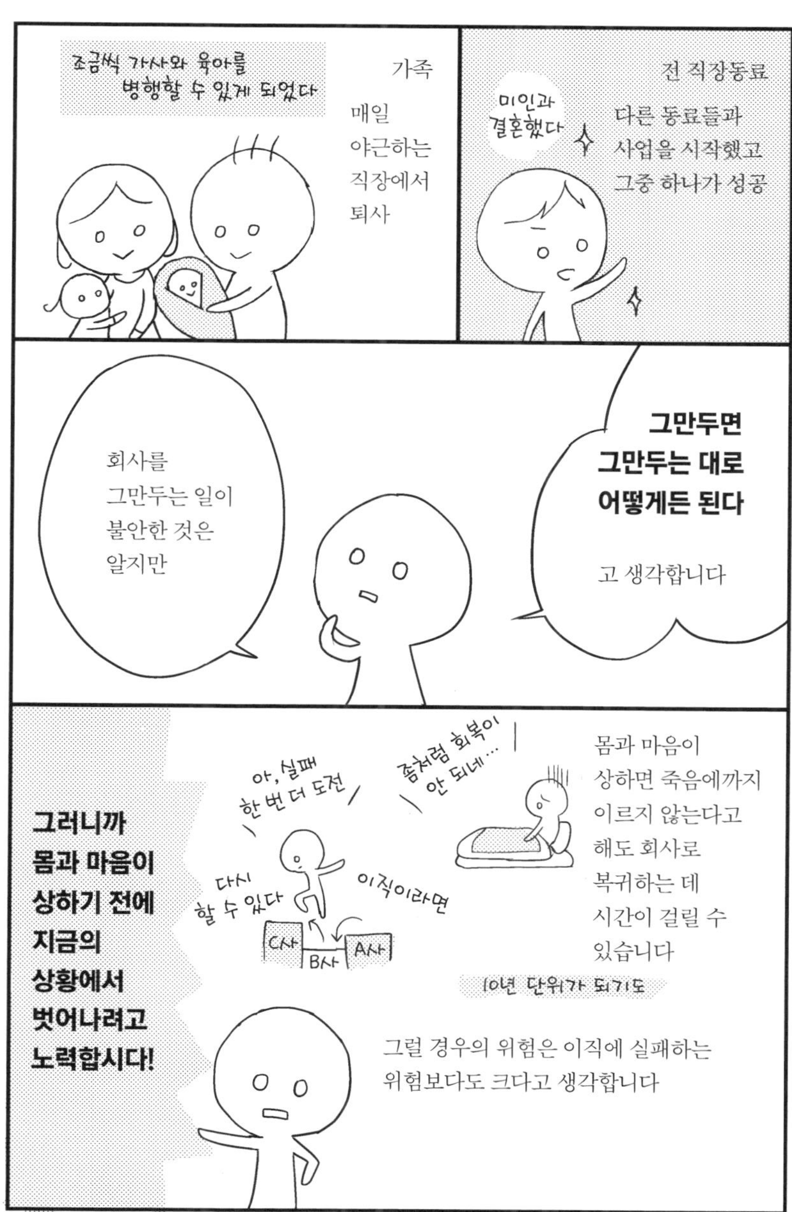
조금씩 가사와 육아를 병행할 수 있게 되었다
가족
매일 야근하는 직장에서 퇴사
전 직장동료
미인과 결혼했다
다른 동료들과 사업을 시작했고 그중 하나가 성공
회사를 그만두는 일이 불안한 것은 알지만
그만두면 그만두는 대로 어떻게든 된다
고 생각합니다
그러니까 몸과 마음이 상하기 전에 지금의 상황에서 벗어나려고 노력합시다!
아, 실패 한 번 더 도전
다시 할 수 있다
이직이라면
C사
B사
A사
좀처럼 회복이 안 되네…
몸과 마음이 상하면 죽음에까지 이르지 않는다고 해도 회사로 복귀하는 데 시간이 걸릴 수 있습니다
10년 단위가 되기도
그럴 경우의 위험은 이직에 실패하는 위험보다도 크다고 생각합니다

실화! "이렇게 블랙기업에서 탈출했습니다" ①

Y씨의 경우

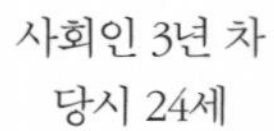

취재에 응해준 Y씨
현재 29세 남성
업종 · 컨설턴트

일요일 출근을 피하기 위해
토요일 역시 막차 시간까지 근무

그런데도 일요일에 일하는 날이 있었다

하지만 근무일지에는 조정하여
적으라는 지시가 있었기에 정확히는
몰라도 시간외근무가 월평균
100시간은 넘었습니다

블랙기업에서 일했습니다

1년 차부터 막차 시간을 놓치는 일이
많아졌고 밤을 새워 일한 다음 날도
당연하게 아침부터 근무 시작

2년 차에 이르러서는 상황이 더 심각해져
전철이 다니는 시간에 퇴근하지
못하는 일도 많았습니다

앞으로 이 생활을
정년까지 거의 40년이나
계속한다고 생각하니
절망적이었습니다
역시 한밤중
동료들과의 관계는
괜찮았지만 모두들 같은 상황
이상하게
잊어버리는
물건이
많아졌습니다
월요일이
다가올수록
우울해지고
회사가 가까워질수록
기분이 나빴습니다
밤새 깊이 잠들지
못하고 몇 번이나
잠에서 깼습니다
휴대폰
또 놓고
왔네…
지쳐…
벌떡
하지만
그런데도
'열심히 해야 한다'는
강박관념에 사로잡혀
지냈습니다

매주 누군가는
회사를
그만뒀습니다
모르는
아저씨야
집에 못 들어가니
아이가 자신을
기억하지 못하는
동료도 있었고
사실 새벽 3, 4시에
퇴근하는 생활에
한계를 느끼고
있었습니다
더 이상
이 회사에 있어도
미래가 없다고
생각했습니다
그것이
이직을 결심하는
계기가 되었고
각오를 굳혔습니다
좋았어
마음 단단히 먹고
1, 2개월 내에
회사를 옮기자
구직업체에 등록하여
여러 종류의 일을
소개받았습니다
아무튼 당장은 블랙기업을
그만두는 것이 목표였기 때문에
업종, 업계를 막론했습니다
의외로 맞는
일이
있을지도
몰라

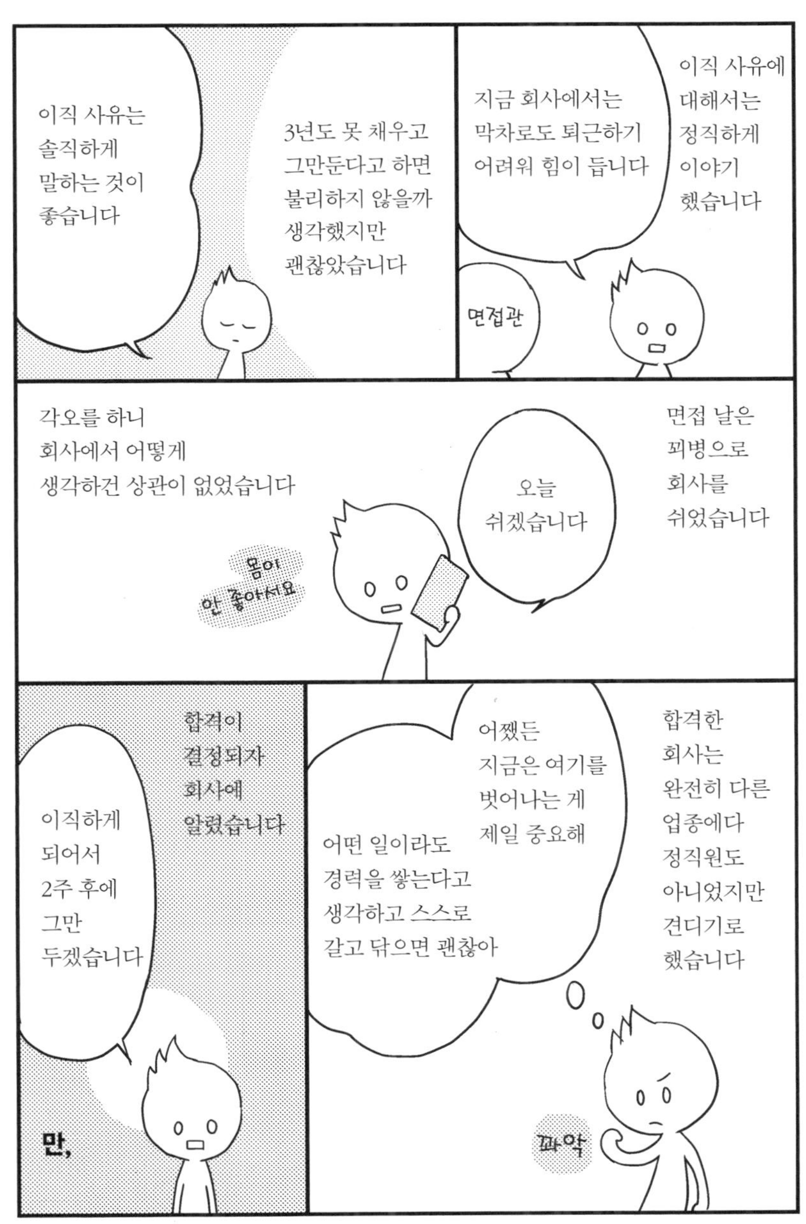

이직 사유에 대해서는 정직하게 이야기 했습니다
지금 회사에서는 막차로도 퇴근하기 어려워 힘이 듭니다
면접관
3년도 못 채우고 그만둔다고 하면 불리하지 않을까 생각했지만 괜찮았습니다
이직 사유는 솔직하게 말하는 것이 좋습니다
면접 날은 꾀병으로 회사를 쉬었습니다
오늘 쉬겠습니다
몸이 안 좋아서요
각오를 하니 회사에서 어떻게 생각하건 상관이 없었습니다
합격한 회사는 완전히 다른 업종에다 정직원도 아니었지만 견디기로 했습니다
어쨌든 지금은 여기를 벗어나는 게 제일 중요해
어떤 일이라도 경력을 쌓는다고 생각하고 스스로 갈고 닦으면 괜찮아
꽈악
합격이 결정되자 회사에 알렸습니다
이직하게 되어서 2주 후에 그만 두겠습니다
만,

선배들과의 관계는
나쁘지 않았기에
주위사람들한테 피해잖아
제대로 마무리하고 가
네가
그만두면
그 일은
어떻게 해
인수
인계를
핑계로
붙잡혔
습니다
그 말에 발목이 잡혀
퇴사가 반년이나
미뤄졌습니다
직접 사장에게
전화해 그만둘 수
있었습니다
여보세요
사장님
이십니까?
이러다
우리 아들
죽겠어!
상황을
타계
해준 것은
아버지
였습니다
돌이켜보면
그 회사
분위기는
정말 이상했
습니다
이틀 밤샘한 직원을 칭찬하며
"저 녀석 한 단계 업그레이드
됐네"라며 무용담처럼 이야기
습니다
시간 내에 일을 마친 사람이
더 대단한데도 말입니다
한잠도
안 자고
진짜 대단
한데!!
밤을
새우다니
훌륭해!
칭찬할 건
그게
아니잖아
부모님은
전력을 다해
도와주셨습니다
친한 친구도
큰 도움이
되었습니다
쉬는 날이면
만나서 한숨
돌릴 수 있었다
본인들도
일을 나가
면서 늦은
시간까지
기다려주고
마중도
나오셨다

일에도 가정에도
충실한 삶을
살고 있습니다
게다가 회사를
옮기며 한 단계 성장
이직한 회사에서
아내를 만나고
힘들어하던 당시의 자신에게 하고 싶은 말은?
'구직난에 새 직장을 찾을 수
있을까?' '빨리 그만두면
이직하기 어려워'
그렇지 않아!
찾아보면 좋은 회사는
얼마든지
있어
주변 사람들에게
더 상담하고 조언을 들어
혼자 껴안고 있어봤자
눈앞의 세계는
점점 좁아질 뿐이야
지금은 이렇게 행복해졌어
미래가 보이지 않는 직장에
머무르지 말고 현재를
바꾸기 위해 이직을
택하기를 바라
때를 놓치기 전에
억지로 참으면서 자신을
소모시켜봤자 미래는 없어
망가지거나 우울증에 걸려
자살했을지도 몰라
그 정도로 힘들었으니까

S씨의 경우

직장에서 궁지에 몰린 것은
28~29세 즈음

이어서 취재에 응해준 S씨
30대 여성
업종 · 매스컴 관련

그중 제일 윗사람이

이른바
'괴롭히는 상사'
였습니다

부서에는
팀원이
세 명뿐
이었고

월 150시간 이상
시간외근무를
하면서 12시
이전에는 집에
가지 못하는 생활

다른 한 명과 같이
견디고 있었지만

그 직원은
배치 변경으로
부서 이동

기본적으로
늘 화가
가득한 사람

그만큼 상사는
S씨에게
집중했습니다
그리고
나랑 연차 차이가
얼마 안 나서
말하기 껄끄러워
새로 온
직원은
괴롭힘을
면했습니다
전화
안 받으면
죽을지도
몰라…!
당장
다시 써!
언제 울릴지 모르는
전화를 두려워
하면서도 잠시도
손에서 놓지
못했습니다
이거
월요일
아침까지!
매일 집요하게
괴롭힘 당하며
휴일도 없이
집에서도
오로지 일
금요일 밤
그…
그런
억지가
농땡이
치지 마!
자지 않고
먹지 않고
시키는 일만
하던 때에
돌아온 말은
너무 무서워서
휴대폰을
내동댕이친 적도
있습니다
전원을 끌 생각은
못하고 필사적으로
배터리를 빼려고 했다
그 결과
다른 사람 욕은
하는 게 아니고 그래도
윗사람이니까 따라야지
불만을 들키면
보복당할까봐
두려워…
그런데도
S씨는
열심히
했습니다

강도가
칼로
찔러주지
않으려나
늘 따라다니는 죽음의 이미지
침~~울…
자동차가
치어줬음
좋겠네
막연하게 죽음을
생각하기
시작했습니다
지금 생각하면 죽음의 기로를 걷고 있었습니다
전철로
통근하지
않는다는 것
투신
가능성
없음
회사
창문이
조금밖에
안 열린다
는 것
역시
투신 불가
오직
괴로운 것은
옥상 펜스가
높아 올라갈 수
없다는 것
투신 불가
별안간
눈물이
나기도
했습니다
무표정
눈물만 흐른다
주-룩
계단을
이용하는
일조차
위험해서
이대로
뒤로
쓰러지기만
하면…
무심결에
그렇게
생각해버린다
항상
엘리베이터로
다녔습니다
고민하는 사이 증상이
심해져서 '나 우울증
일지도 몰라'라는
생각 자체가
사라져버렸습니다
정신과에서
상담을
받아볼까도
생각했지만
쉬겠다고
진단서를
내면 뭐라고
할 수도 있어

그 후로 또
비슷한 일이
있었고
진짜로
생각해봐
엄마
…일
그만두는 게
어때?
엄마
간만에 휴가를
얻어 가족과
시간을 보내던
어느 날
상사의
전화
주-룩
엄마
이런 인생 싫어
…확실히 이대로라면
정말 죽을지도 몰라
몸 상태가
한계라 회사를
그만두고
싶습니다
뭐?
윗선의
조정으로
부서가
바뀌었고
자기
페이스대로
천천히
일하면 돼
윗선
정신적
으로 해방
되었습니다
그러자
신체적인
증상이
드러났습니다
피로로
병원을 찾았고

그곳에서
우울증 진단을
받았습니다
당장
쉬세요!
아
우울증까지는 생각하지 않았다
이렇게
생각할 수
있었습니다
선배들
때문에라도
확실히
치료받고
복귀해야지
걱정해주는
선배들이
있다는 것을
알고
푹 쉬어
S를
그놈한테서
떼어
놔야 해
하지만
휴직이 결정됐을
때는 정말 '죄송한'
기분이었습니다
처음에는
누워만
있었다
회사란
정말
크구나
일을 할 때는
한 부서에
세 명뿐인 좁은 밀실에
갇혀 있는 것처럼
느껴졌지만
의외로
길은
많구나
그러고 보니
요리교실
강사한테
일을 권유
받기도 했어
또한
길에서
:
피부관리사
해볼 생각
없으세요?
피부가
좋으시네요

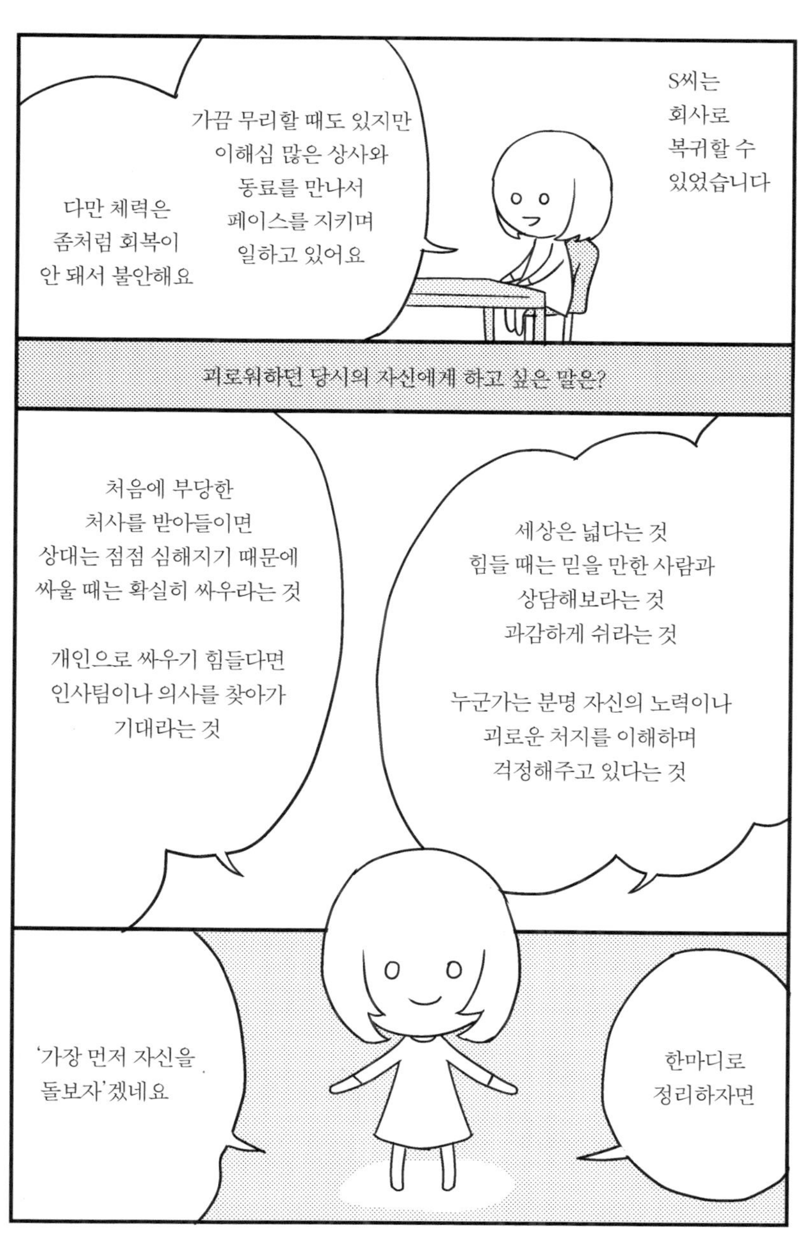
S씨는
회사로
복귀할 수
있었습니다
가끔 무리할 때도 있지만
이해심 많은 상사와
동료를 만나서
페이스를 지키며
일하고 있어요
다만 체력은
좀처럼 회복이
안 돼서 불안해요
괴로워하던 당시의 자신에게 하고 싶은 말은?
세상은 넓다는 것
힘들 때는 믿을 만한 사람과
상담해보라는 것
과감하게 쉬라는 것
누군가는 분명 자신의 노력이나
괴로운 처지를 이해하며
걱정해주고 있다는 것
처음에 부당한
처사를 받아들이면
상대는 점점 심해지기 때문에
싸울 때는 확실히 싸우라는 것
개인으로 싸우기 힘들다면
인사팀이나 의사를 찾아가
기대라는 것
한마디로
정리하자면
'가장 먼저 자신을
돌보자'겠네요

블랙기업에서 일하는 가족을 그만두게 하고 싶은데 말을 듣지 않습니다. 어떻게 해야 할까요?

A

"이렇게 가다간 돌이킬 수 없게 돼! 그만둬!"라는 식의 대화는 그다지 추천하지 않습니다. 옆 사람이 보기에 아무리 힘들어도 당사자는 굉장히 좋아하며 즐기고 있는지도 모릅니다. 가족은 당사자가 집에 있을 때의 모습만 보게 됩니다. 직장에서는 어떤 상황인지 모르면서 무조건 그만두라고 말해버리면 '가족이 전혀 이해해주지 않는다'고 느끼고 가정이라는 있을 자리조차 빼앗기게 될 위험성이 있습니다.

그렇다고 해서 가족이 이상한데 완전히 방치할 수도 없습니다. 만일 심각한 우울증에 걸리거나 돌이킬 수 없는 상태로 치닫는다면 그때는 후회해도 소용없으니까요.

이럴 때 다른 가족들에게 **가장 추천하는 방법은 '그저 이야기를 들어주는 것'입니다.** 사람은 어떤 상황에 처하더라도 이야기를 들어주는 상대가 있는 것만으로 마음이 편해집니다. 다만 이야기를 듣기 위해 "회사는 요즘 어때?" "학교는 어떠니?" 같은 질문을 한다면 명확하게 답해주지 않을 수 있습니다. 그럴 때는 그저 '함께 식사'를 하거나, 집 안에서 아무것도 하지 않아도 좋으니 그저 '옆에 있어주는 것'도 괜찮습니다. 단순히 함께 있는 것만으로도 충분히 상대는 편안함을 느낄 수 있습니다.

또한 대화 중에는 지나치게 유도하며 말을 걸지 않도록 주의하세요.

"일 그만두는 게 어때?"

"좀 쉬는 편이 좋겠다."

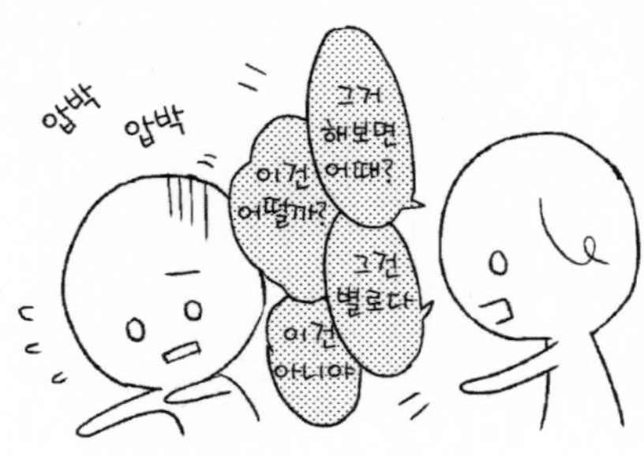

"정신과에 가봐!"

"정신건강 클리닉에 가보는 게 어때!?"

이렇게 몰아붙이는 듯한 말투로 이야기하면 상대가 압박을 느끼거나 반발심이 들어 대화 자체를 차단해버릴 가능성도 있습니다. 무언가 말을 걸 때는

"일 많이 힘들지…? 나라면 벌써 쉬었을 거야…!"

"나라면 정신과에 가볼 정도로 힘들 것 같은데…! 괜찮아…?"

이렇게 '나라면'의 자세로 상대방의 입장에 다가가 부드럽게 시도해보세요.

상대방은 '아, 그렇게 생각할 수도 있구나' 하고 깨달을 것입니다.

물론 118페이지 〈Y씨의 경우〉에 등장하는 아버지처럼 '이러다 우리 아들 죽겠어!'라고 느낄 정도의 긴급사태 때는 주위의 행동이 필요합니다. 어느 쪽이 되었든 가족 중 누군가가 블랙기업에서 일하는 경우, 조금이라도 당사자와 함께하는 시간을 만들고 그가 어떤 상황에 놓여 있는지 파악해두는 일이 중요하겠습니다.

회사 다니기가 괴로워 그만두고 싶은데 가족이 이해해주지 않습니다. 어떻게 해야 할까요?

A

가족이 모든 것을 이해해줄 거라고 지나치게 기대하지 않도록 하세요. 가족이기 때문에 자신을 더 이해해주면 좋겠다는 기분은 알겠습니다. 다만 '가족의 이해'에 너무 기대버리면 기대와 현실에서 오는 괴리 때문에 심적으로 지칠 수 있습니다.

세상에는 부모나 형제가 자신을 깊이 이해해주고 일 문제도 성심껏 상의해주는 그런 가족도 있습니다. 우울증이나 과로로 괴로울 때 가족이 기댈 수 있는 존재라면 기대는 것이 맞습니다. 가족에게 피해를 줘도 괜찮으니까 자신의 몸과 마음을 우선시하세요.

하지만 과로로 궁지에 몰린 상황에서 회사를 그만두고 싶다고 상의해봐도 "일이란 게 좀 힘들어도 참고 열심히 하면 되는 거야"라는 말을 들으며 이해를 얻지 못하는 그런 가족 또한 많이 있습니다.

그럴 때 중요한 것은 '인간이 타인을 완벽하게 이해하기란 불가능하다'는 사실을 기억하는 것입니다. 가족이 얼마만큼 이해해줘야 당신이 만족스러울까요? 혹시 '나의 고통을 알아주고 적절한 지원이나 조언을 해주는 것'을 바라고 있다면, 그것은 아무리 가족이라고 해도 어려운 일입니다. 반대로 당신의 가족이 똑같은 고민을 안고 있다면 당신 역시 비슷한 정도로 '이해해주는 것'이 가능할까요? 당신에게 어려운 일을 가족에게 요구하는 것은 지나칩니다.

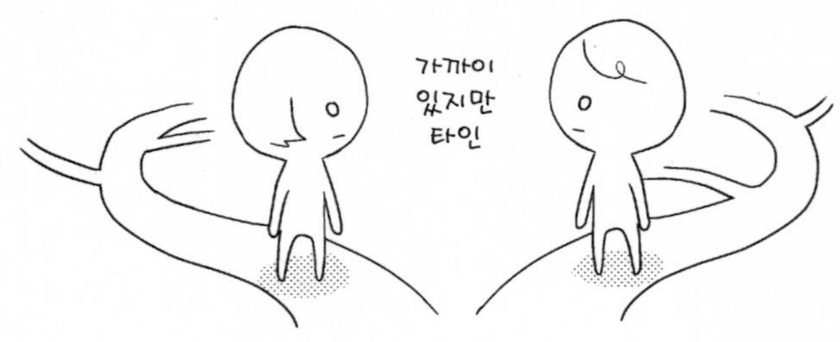

정신과 의사인 아들러가 제창한 '아들러 심리학'에는 '과제의 분리'라는 사고방식이 있습니다. '자신과 타인의 과제는 분리해야 한다'는 개념으로, 간단히 말하자면 타인을 조종해서 자신의 생각대로 움직이게 하려 하거나 타인의 인생을 자신이 떠안을 필요가 없다는 것입니다.

가족이라고 해도 당신과는 다른 인간, 타인입니다. 그렇기 때문에 우선은 '이해해주는 것'을 중요한 조건으로 삼지 않아야 합니다. 그리고 가족에게 '일이나 지금의 상태에 대해 이야기하는 것을 들어준다'면 그것으로 충분하다고 생각하세요. 혹시 '전혀 들어주지 않는다'면 가족에게도 여유가 없는 것이라고 생각합니다. 그런 경우에도 '가족들이 나를 도와주지 않아'라고 생각할 필요가 없습니다.

그렇게 생각하면 오히려 스스로를 궁지로 몰아넣게 됩니다. 딱딱하게 들릴지 모르겠지만 가족에게 기댈 수 있는 경우에도, 기댈 수 없는 경우에도 당신의 기분을 완전히 이해할 수 있는 사람은 당신밖에 없습니다. '내 기분을 모르겠다' 하는 경우도 있을 수 있지만, **세상에서 가장 당신을 잘 이해하는 사람은 당신 자신입니다.** 그 사실을 잊지 않도록 하세요.

먼저 스스로 '지금 나의 정신상태로 견딜 수 있을까?'를 판단한 다음에, 정신건강 클리닉에서 진찰을 받거나 휴식이 필요하다고 생각되면 그렇게 결정하세요. 그리고 가족에게 "이렇게 하기로 했어" 하고 결정을 전달하도록 합시다.

부정적인 반응을 보일 수도, 기대와는 다른 반응을 보일 수도 있습니다. 그럴 때는 '가족들 입장에서는 그렇겠지'라고 생각하면 될 뿐입니다. '가족들이 이해해주지 않잖아. 난 안 돼!'라고 더 나쁘게 생각할 필요가 없습니다.

자신의 상태를 객관적으로 알기 힘들 때는 "나 지금 이런 상황인데 어떻게 생각해?"라고 가족에게 물어보는 것도 하나의 방법입니다. 그때도 예상과는 다른 대답이 돌아올지 모릅니다. 그렇다고 해도 '가족 입장에서 본 하나의 사고방식'으로 참고하면 좋겠습니다.

가족에게 기댈 수 있는 경우에는 기대고, 기댈 수 없는 경우에는 지나친 기대를 품지 말고 스스로 판단하는 것입니다. **어디까지나 '나는 내가 지킨다'는 사실을 명심하세요.**

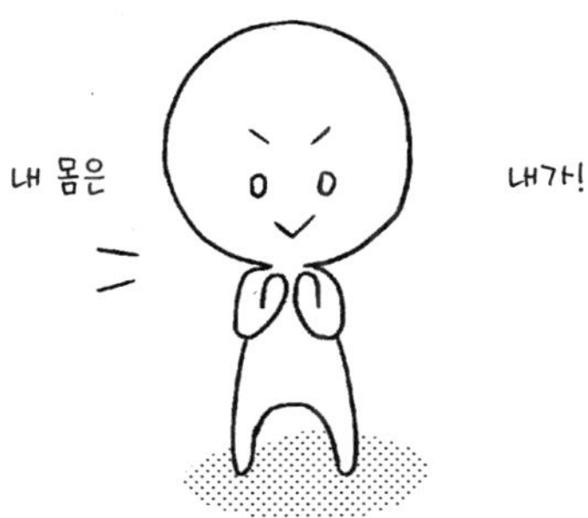
내 몸은
내가!

보너스코너

해외에 갔을 때의 일

최종장

자신을
희생하면서까지
열심히 하는
사람에게

흔히
교육에서는
뭔가를 해서 칭찬받는
쪽보다는, 뭔가를 해서
혼나는 쪽을 더 많이
가르치는 것 같습니다
선생님
부모님
어른들
말씀을
들어야 해
안 그러면
혼나
스스로
정하면
안 돼
어른들
말대로
해야지
스스로
사고해
행동하는
아이보다
제멋대로
굴지 마!
어른이
바라는 대로
행동하는
아이가
칭찬받습니다
얌전히
있었구나
착하네
그런데
지금은
당신이
그 '어른'입니다

마음대로 했다가 혼나
누구에게?
…그래도, 말은 잘 들어야 해
누구의?
그중에 네 인생을 책임져줄 사람이 있어?
세상 사람들 이나…
회사를 한 발짝만 나가도 상관없는 사람들이야
상사나
다 큰 자식을 부모가 어떻게 하진 못해
…부모님 이나
당신은 어른인데 어째서 자유가 없습니까?
정말 누가 있습니까?
그 사슬 끝에

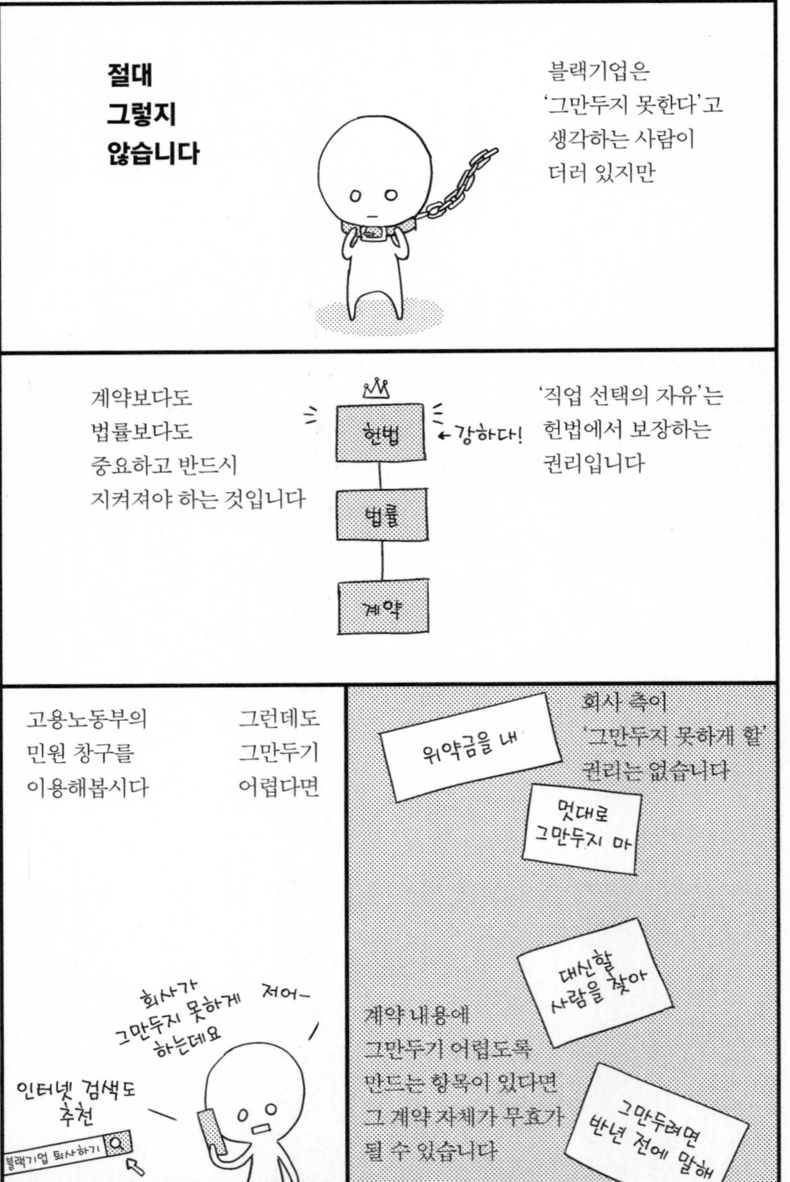
블랙기업은
'그만두지 못한다'고
생각하는 사람이
더러 있지만
절대
그렇지
않습니다
'직업 선택의 자유'는
헌법에서 보장하는
권리입니다
계약보다도
법률보다도
중요하고 반드시
지켜져야 하는 것입니다
헌법
←강하다!
법률
계약
고용노동부의
민원 창구를
이용해봅시다
그런데도
그만두기
어렵다면
회사가
그만두지 못하게
하는데요
저어-
인터넷 검색도
추천
블랙기업 퇴사하기
회사 측이
'그만두지 못하게 할'
권리는 없습니다
위약금을 내
멋대로
그만두지 마
대신할
사람을 찾아
계약 내용에
그만두기 어렵도록
만드는 항목이 있다면
그 계약 자체가 무효가
될 수 있습니다
그만두려면
반년 전에 말해

상사와 논의하고
퇴직 날짜를 정하고
인수인계를 하고
절차를 밟고
인사하고…
그동안 감사 했습니다
서류
달력
저 회사 그만둡니다
회사를 그만둘 때의
이상적인 모습은
'날아가는 새는 흔적을
남기지 않는다'겠지만
그런 식의 절차가 불가능한 것이 바로 블랙기업…
절차를
지키자면
그만둘 수
없다 하는
경우
이것저것 전부 인수인계해!!!
끝날 때까지 못 그만둬!
어차피
그만둘 회사
어떻게 되든
내 알 바 아니지
이 정도
기분으로
나갑시다
'날아가는 새가
흔적 좀 남기면 어때!!'
하고 대담하게 나갑시다
흔적이 걱정돼서
떠나지 못한다면
그건 아무 의미가
없습니다

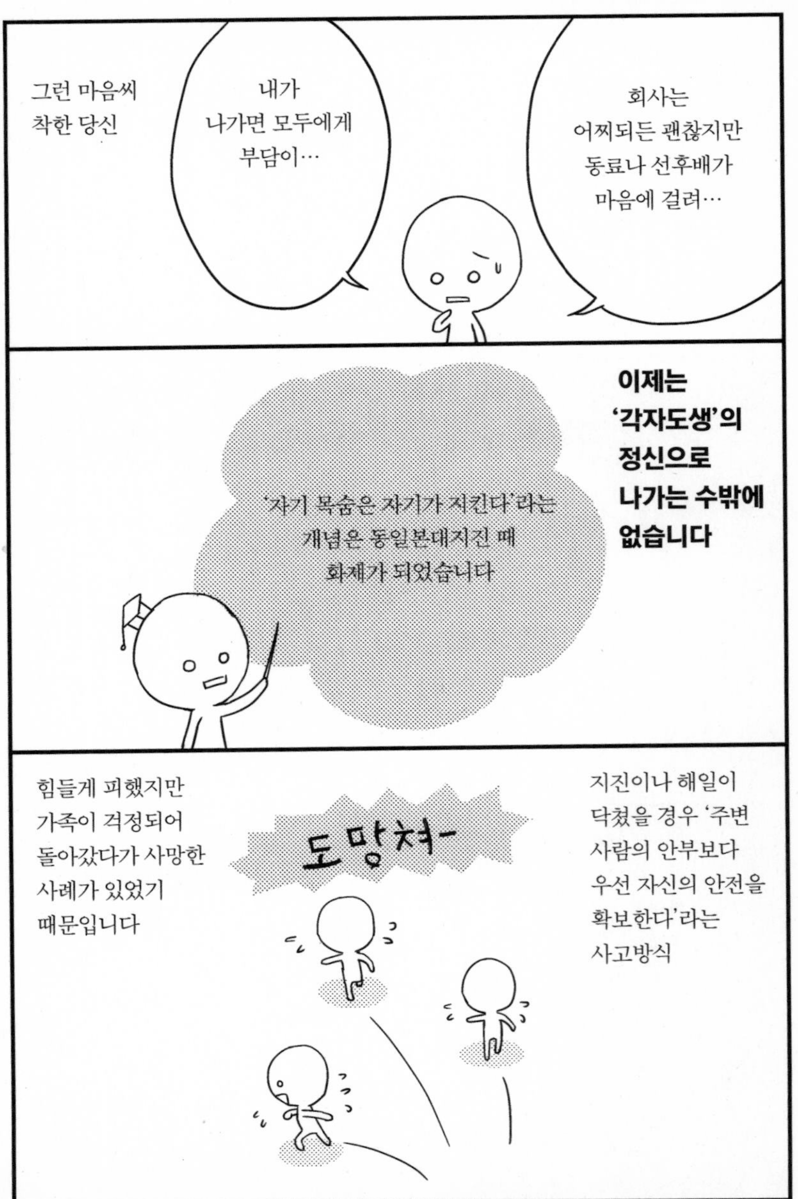
그런 마음씨
착한 당신
내가
나가면 모두에게
부담이…
회사는
어찌되든 괜찮지만
동료나 선후배가
마음에 걸려…
이제는
'각자도생'의
정신으로
나가는 수밖에
없습니다
'자기 목숨은 자기가 지킨다'라는
개념은 동일본대지진 때
화제가 되었습니다
힘들게 피했지만
가족이 걱정되어
돌아갔다가 사망한
사례가 있었기
때문입니다
도망쳐-
지진이나 해일이
닥쳤을 경우 '주변
사람의 안부보다
우선 자신의 안전을
확보한다'라는
사고방식

각자가 자신을
최우선으로 여겨
'결과적으로 모두
살아남는다'가
목표인 것입니다

난 알아서 도망칠 테니
너도 그렇게 해

알았어!

결코 '타인은
내버려둬'라는
뜻이 아닙니다

동료들이
의논해
한꺼번에
그만뒀다고 합니다

지금 회사가
천국으로
보일 정도…

한 선배는
예전 회사에서
너무 일이 많아

다 같이
그만두자

남는 사람은
진짜 큰일
나겠다

평상시
퇴직에 대해
이야기해두는
것도 좋은
방법입니다

'모두 참다가
함께 망하는
일'은 없어야
합니다

지금 사회의
과로사 문제는
이런 상황에까지
이르렀습니다

**대체 왜, 평범하게
일하겠다는데 목숨이
걸린 재해 수준의
각오가 필요할까?**

생각하지만

후기를 대신하여 ①

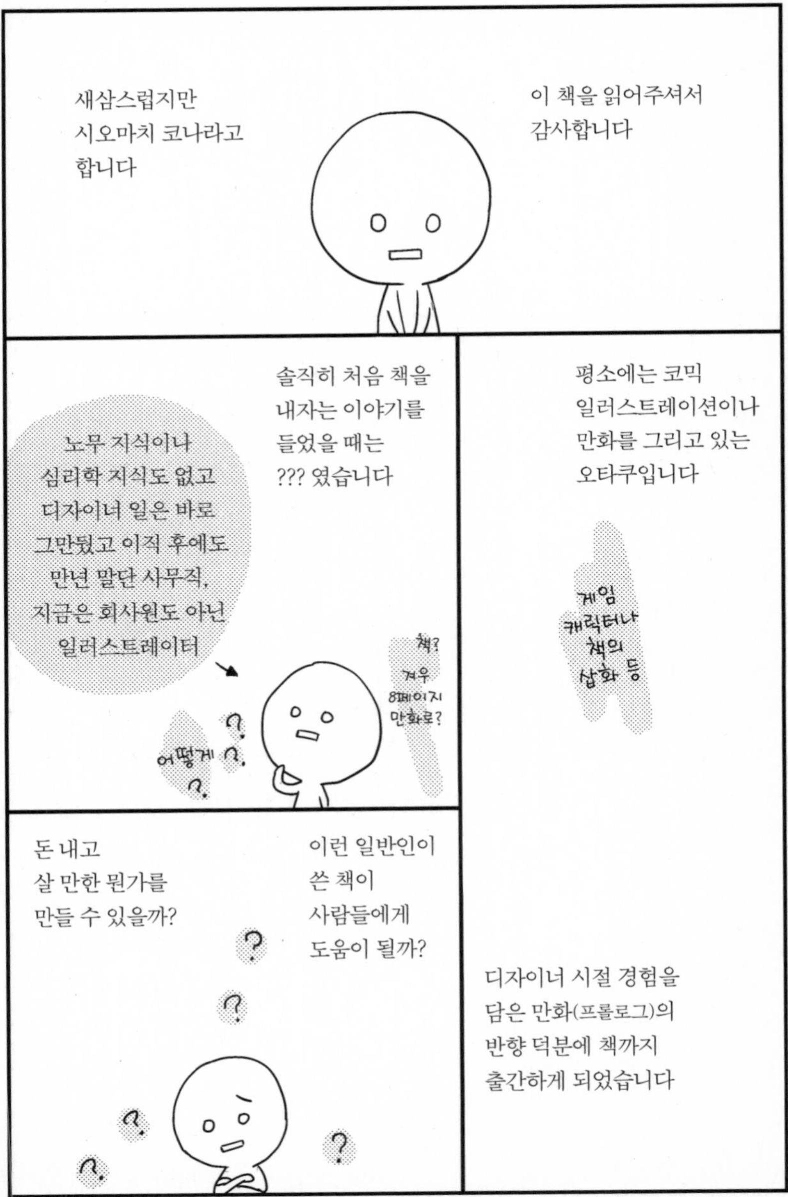

새삼스럽지만
시오마치 코나라고
합니다
이 책을 읽어주셔서
감사합니다
평소에는 코믹
일러스트레이션이나
만화를 그리고 있는
오타쿠입니다
게임
캐릭터나
책의
삽화 등
솔직히 처음 책을
내자는 이야기를
들었을 때는
??? 였습니다
노무 지식이나
심리학 지식도 없고
디자이너 일은 바로
그만뒀고 이직 후에도
만년 말단 사무직,
지금은 회사원도 아닌
일러스트레이터
책?
겨우
8페이지
만화로?
어떻게
디자이너 시절 경험을
담은 만화(프롤로그)의
반향 덕분에 책까지
출간하게 되었습니다
이런 일반인이
쓴 책이
사람들에게
도움이 될까?
돈 내고
살 만한 뭔가를
만들 수 있을까?

하지만
담당편집자와
이야기하면서
깨달았습니다
너무 열심히 하는
사람들을 위해
도망쳐도 괜찮다고,
다른 사람은 그만 배려하고
자신을 더 생각해도
괜찮다는 걸 전해주고 싶어요
'못난 인간'인
내 기술이
도움이
되겠다!
네,
맞아요
열심히 안 한다
자기중심적
무리하지 않는다
도망간다
못 이룬다
배려하지 않는다
못 일어난다
잔다
남에게 맡긴다
게으름 피운다
그런 일이라면
맡겨주세요
그리하여
'열심히 안 하는 인간'
상급자로서
너무 열심히 하는
여러분에게 전할 수
있는 것이 있다면
해보자는 생각으로
이 책을
출간했습니다
꾸벅
설마 이런 기술로
책을 내는 날이
올 줄은 몰랐네요

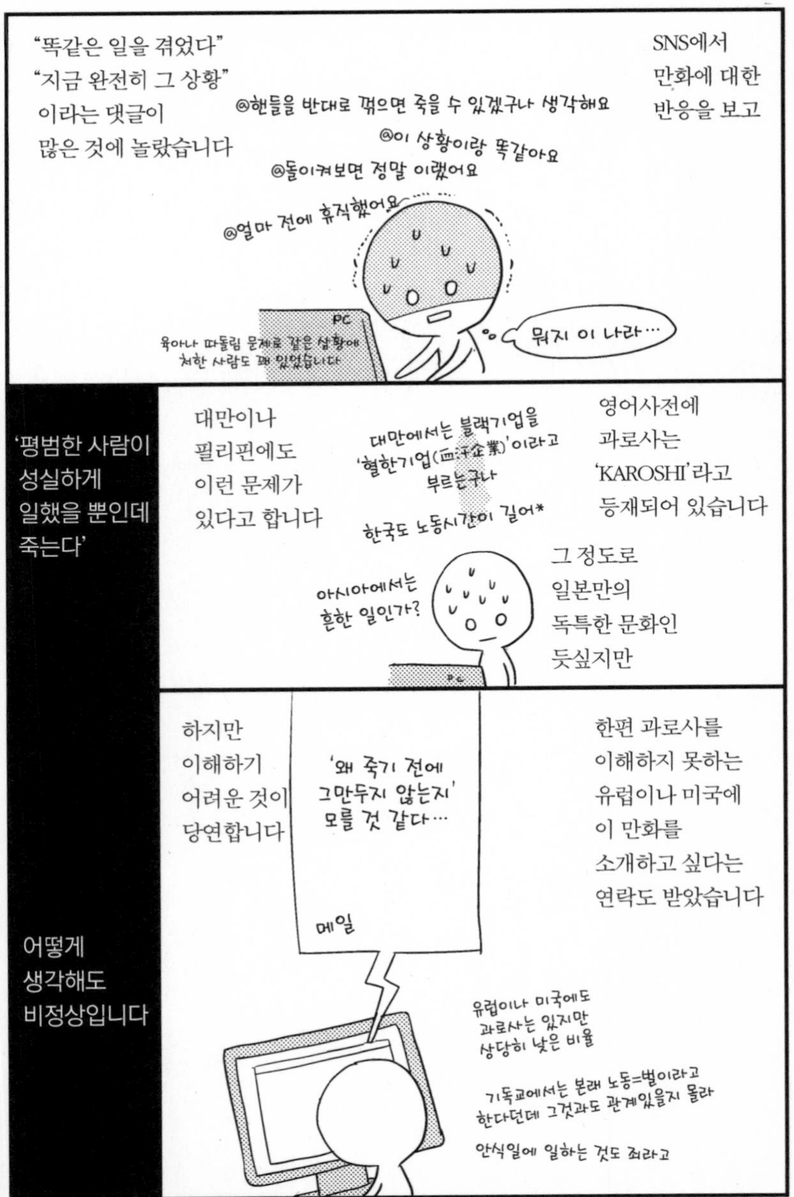

* 실제로 우리나라는 2015년부터 3년간 멕시코에 이어 OECD 국가 중 두번째로 노동시간이 길다.

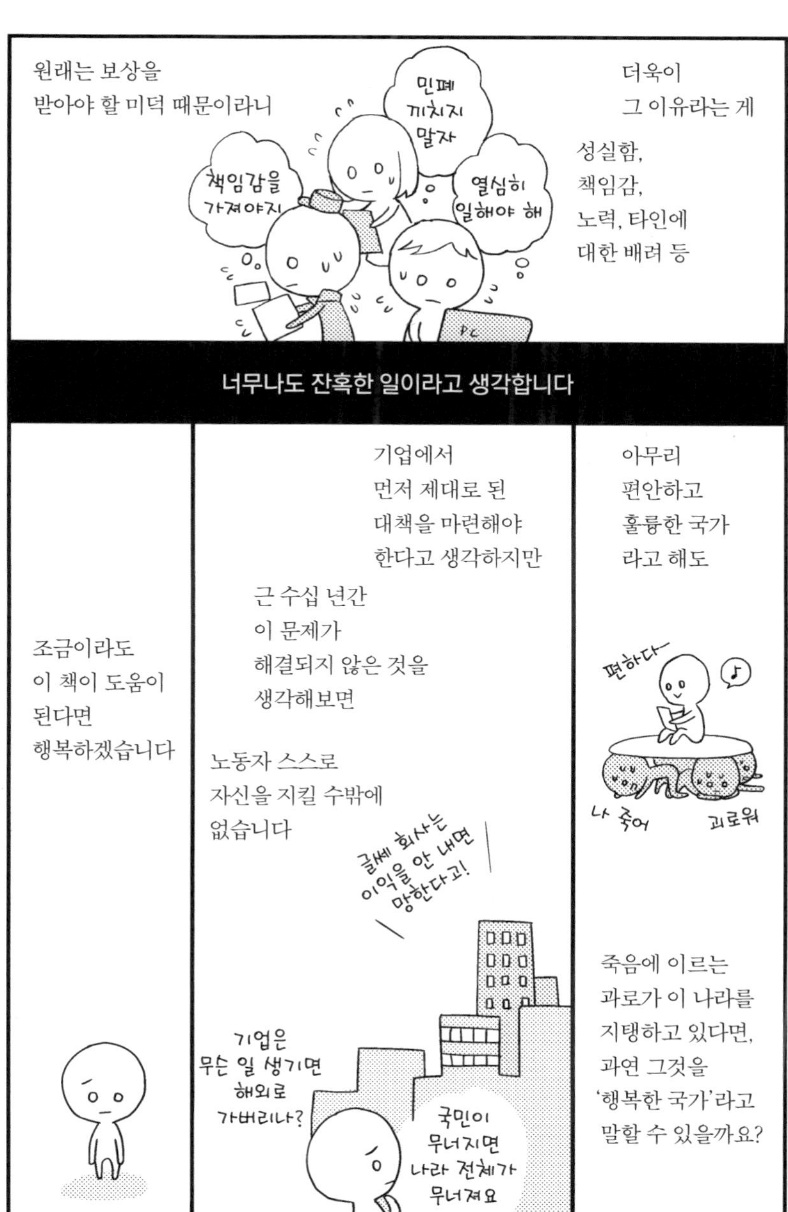

원래는 보상을
받아야 할 미덕 때문이라니
책임감을
가져야지
민폐
끼치지
말자
열심히
일해야 해
더욱이
그 이유라는 게
성실함,
책임감,
노력, 타인에
대한 배려 등
PC
너무나도 잔혹한 일이라고 생각합니다
조금이라도
이 책이 도움이
된다면
행복하겠습니다
기업에서
먼저 제대로 된
대책을 마련해야
한다고 생각하지만
근 수십 년간
이 문제가
해결되지 않은 것을
생각해보면
노동자 스스로
자신을 지킬 수밖에
없습니다
글쎄 회사는
이익을 안 내면
망한다고!
기업은
무슨 일 생기면
해외로
가버리나?
국민이
무너지면
나라 전체가
무너져요
아무리
편안하고
훌륭한 국가
라고 해도
편하다~
♪
나 죽어
괴로워
죽음에 이르는
과로가 이 나라를
지탱하고 있다면,
과연 그것을
'행복한 국가'라고
말할 수 있을까요?

저는
지금까지
두 번 꿈을
포기했습니다
첫번째는
디자이너
비싼
미대 학비
내주셨는데
죄송…
두번째는
만화가
회사 일과
겸업
여기저기서 수차례
데뷔했지만 팔릴 만한
작품은 못 그렸다
한 회사에서
팔리지 않으면
몇 번이고
데뷔한다
소박하고 잔잔한 스토리나
매니악한 SF 좋아함…
그래도 두 번 다
스스로 납득하는
선까지는 했습니다
남들이 보기에는
그야말로 도망의
연속일지 몰라도
후회는 없습니다
그런 다음
내 인생은
그쪽이 아니라고
결정했습니다
나는
'팔릴 만한
그림'은
못 그릴 것 같아
체력도 떨어지고
취미라도
좋으니까
좋아하는 것만
그릴래
그러려면
회사생활
열심히 해야지!
인생의 선택 기준
'즐거운가? 즐겁지 않은가?'

남편의 전근
지방으로 이사
다시 전근 가능성
수술
퇴직
입원
통원
이렇다 할 기술
경력 없음
차 없이는
아무 데도 못 감
이것저것
히익~~
하지만
인간에게는
살아가는 동안
다양한 전환기가
찾아옵니다
그 무렵 생각지도
못한 이 만화가
반응을 얻은 것입니다
반응해주는 사람이 많다는 것은 그만큼
괴로워하는 사람이 많다는 뜻이기에
기쁜 일만은 아니었습니다
결국
남는 건
어느 정도
그림을
그리는
기술
내 수입이
없으면
불안해
어떻게든
일로
연결시켜
보자
결국
돌아왔다…
'만화로 많은
사람들의 마음을
움직이고 싶다'는
꿈은 뜻밖의 형태로
이루어졌습니다
길은 어떻게든
이어져 있다고
이제는 느끼고
있습니다
마지막으로 감수와 집필을 맡아주신 유키 선생님을 비롯해 이 책과 관련된 여러분들,
트위터에서 만화를 봐주신 분들, 힘들 때 함께해준 가족, 친구, 동료, 그리고 지금 이 글을
읽고 있는 당신에게, 고맙습니다. - 시오마치 코나

해설

"훌륭해! 정말 알기 쉬워! 이렇게 과로 우울증에 걸린 사람의 기분을 단적으로 알기 쉽게 표현하다니!" 트위터를 통해 정기적으로 전송하는 '만화로 이해하는 심료내과'의 영상을 업로드하고 있던 저는 다른 분이 팔로우한 시오마치 선생의 만화(이 책의 프롤로그)를 보고 충격을 받았습니다. 평소 거의 리트윗을 하지 않던 제가 이 만화는 리트윗하지 않을 수 없었습니다. 그 정도로 충격이었습니다.
그리고 그렇게 만화를 본 분들의 반응 역시 대단했습니다. 짐작컨대 그분들도 이런 이야기에 흥미가 많았으리라고 생각합니다. 게다가 이렇게까지 알기 쉽게 표현되어 있으니 누구라도 "아, 나랑 비슷해!" "나도 그랬어!" 하고 크게 공감을 불러일으킨 것이 아닐까 싶습니다.

실제로 클리닉에서 진찰하는 환자들의 이야기를 들으면

"문득 자살이라는 생각이 머리를 스친다"는 분이 많습니다. 행동에 옮기지는 않더라도 몇 번이고 죽음을 상상하고 마는 것입니다. '죽고 싶다' '죽을 수밖에 없다'라고 생각하는 때는 우울증의 입구에 서 있는 것이라고 할 수 있습니다. 클리닉을 다니지 않더라도 이런 생각을 하는 분들이 많이 있을 것입니다. 그리고 그대로 방치해버리면 그만 실행에 옮길 위험이 큽니다. 그러니까 더더욱 '이러면 위험한데…?'라고 생각하고 하루빨리 진찰을 받는 것이 바람직하겠습니다.

또한 이 만화는 '그렇게 생각해도 왜 도망칠 수 없는가?'의 이유가 당사자의 입장에서 생생하고 명확하게 표현되어 있습니다. 그리고 그 때문에 많은 분들에게 "그러니까 당신 역시 도망쳐도 괜찮아"라고 용기를 줄 수 있다고 생각합니다.

저는 지금 제가 하는 일이 즐겁고, 이 만화를 그린 시오마치 선생도 일을 즐겁게 느끼고 있을 것이라고 생각합니다. 다만 저 역시 고통스러웠던 시기는 있습니다. 시오마치 선생도 같은 경험을 했다고 생각합니다. 그리고 분명 여러분도 그럴 것입니다.

사람에 따라서 혹은 타이밍에 따라서 일은 스스로를 무겁게 짓누르는 엄청난 고통이 될 가능성이 있습니다. 그럴 경우에 '일이란 원래 절대적으로 괴로운 것이다'라고 생각할 것이 아니라, 잠깐 휴식을 취하거나 다른 일을 해보거나 업무 방식을 바꿔보거나 하는 등의 궁리를 해보시길 바랍니다. 궁지에 몰려서 판단력을 잃고 '죽을 수밖에 없다'고 생각하기 전에 이렇게 행동해보십시오. 그러면 하루하루 크게 달라질 것입니다.

또한 이 책을 읽고 조금이라도 마음에 걸리는 부분이 있다면 얼른 휴식을 취하거나 병원에 다니시길 권합니다. 당신이 상상하는 것보다 훨씬 편안해질 수 있습니다.
이 책을 읽어주신 모든 분들에게, 정말 고맙습니다.

심료내과 의사 유키 유

인간은 지치면 지칠수록 일을 그만두지 못한다.
노이로제에 가까워졌다는 징후 중 하나는 자신의
일이 엄청나게 중요하여 자신이 휴가를 내거나 하면
온갖 참사를 불러일으키게 된다고 굳게 믿는 것이다.

버트런드 러셀, 『행복의 정복』 중에서

글·그림

시오마치 코나

광고제작 회사의 그래픽 디자이너를 거쳐 만화가, 일러스트레이터로 활동했다. 북디자인, 삽화, 게임 캐릭터 일러스트 등의 일을 하고 있다. 디자이너 시절 과로자살할 뻔한 본인의 경험담을 그린 만화가 화제가 되어 책으로 발간되었다.
http://shiokonako.wixsite.com/illust-home

해설·감수

유키 유

심료내과 의사, 작가, 만화원작자. 도쿄대학 의학부 의학과를 졸업했다. 의사로 진료하면서 독자 16만 명의 메일 매거진 〈섹시 심리학〉을 발행하고 있다. 『상대의 마음을 절대로 멀어지지 않게 하는 심리술』 외에 『만화로 이해하는 심료내과』 『만화로 이해하는 육체 개조』 『어른의 1페이지 심리학』 등의 만화 원작에 참여했다.

옮김

우민정

중앙대학교 문예창작과를 졸업하고 출판사에서 일본문학 편집자로 일했다. 『학교란 무엇일까?』를 번역했으며 현재 일본 출판물 기획·전문 번역가로 활동하고 있다.

"SHINU KURAI NARA KAISHA YAMEREBA"GA DEKINAI WAKE
written by Kona Shiomachi, supervised by Yu Yuuki

First published in Japan by ASA Publishing Co., Ltd., Tokyo

This Korean edition published by arrangement with ASA Publishing Co., Ltd., Tokyo
in care of Tuttle-Mori Agency, Inc., through Danny Hong Agency, Seoul

"죽을 만큼 힘들면 회사 그만두지그래"가 안 되는 이유

초판 1쇄 인쇄 2017년 9월 22일
초판 1쇄 발행 2017년 9월 27일

지은이 시오마치 코나
옮긴이 우민정
펴낸이 이상훈
편집인 김수영
기획편집 임선영 김수현
마케팅 조재성 천용호 정영은 박신영
경영지원 이해돈 정혜진 장혜정 이송이

펴낸곳 한겨레출판(주) www.hanibook.co.kr
주 소 서울시 마포구 효창목길 6(공덕동) 한겨레신문사 4층
전 화 02-6383-1602~3
팩 스 02-6383-1610
메 일 literature@hanibook.co.kr

ISBN 979-11-6040-101-1 03330

·책값은 뒤표지에 있습니다.
·파본은 구입하신 서점에서 바꾸어 드립니다.